A Treasury of
Polish Cuisine

A Treasury of
Polish Cuisine
Traditional Recipes in Polish and English

MARIA DE GORGEY

HIPPOCRENE BOOKS, INC.
NEW YORK

ISBN 0-7818-0738-7

For information, address:
HIPPOCRENE BOOKS, INC.
171 Madison Avenue
New York, NY 10016

Printed in the United States of America.

Spis Rzeczy
Table of Contents

Zupy i Zakąski
Soups and Appetizers

KRUPNIK

½ filiżanki kaszy perłowej, ugotowanej osobno w wodzie
6 filiżanek rosołu z wołowiny do gotowania jarzyn
1½ łyżeczki masła
2 do 3 średnich kartofli, pokrojonych w kostkę
1 duża marchew, pokrojona w kostkę
6 suszonych grzybów, namoczonych w gorącej wodzie i
　　pokrojonych w paski (płyn z grzybów ma być dodany
　　do zupy)
½ filiżanki zielonej fasolki, pokrojonej w kawałki
Sól i pieprz
1 łyżka posiekanej pietruszki lub kopru

    1. Ugotować kaszę perłową osobno w wodzie, dodając
trochę rosołu pod koniec w celu rozdzielenia ziaren. Gdy
kasza jest gotowa, dodać masło i dobrze wymieszać.
Odstawić.
    2. Gotować kartofle, marchew, grzyby i fasolkę w rosole
do miękkości, dodając soli i pieprzu do smaku.

    3. Dodać ugotowaną kaszę do zupy i zagotować razem.
    4. Posypać siekaną pietruszką lub koprem. Można zabielić
kwaśną śmietaną.

Wychodzi 6 do 7 porcji.

MUSHROOM AND BARLEY SOUP

½ cup barley, to be cooked separately in water
6 cups beef stock for cooking vegetables
1½ teaspoons butter
2 to 3 medium potatoes, diced
1 large carrot, diced
6 dried mushrooms, soaked in hot water and cut into strips
    (add soaking liquid to soup)
½ cup green beans, cut into pieces
Salt and pepper
1 tablespoon chopped parsley or dill

    1. Cook barley in water in separate pot, adding a little stock as necessary to separate grains. When done, add butter and stir well. Set aside.

    2. Cook potatoes, carrot, mushrooms and beans in stock (with mushroom liquid added) until tender, adding salt and pepper, to taste.

    3. Add cooked barley to soup and bring back to a boil.

    4. Sprinkle with chopped parsley or dill. Add a little sour cream if desired.

Makes 6 to 7 servings.

CHŁODNIK, zimny barszcz podawany latem

1 litrowy słoik gotowego barszczu z burakami pokrojonymi w
   paski.
1 średni ogórek, pokrojony w plasterki
3 do 4 rzodkiewek, pokrojonych w plasterki
Koper i szczypiorek, do smaku
1 łyżeczka utartej cebuli (nie koniecznie)
Sok z połowy cytryny
Szczypta cukru
2 kopertki (po .14 uncji) proszku z wołowego lub kurzego
   rosołu
2 do 3 łyżek kwaśnej śmietany
1 filiżanka maślanki
Według uznania, zaleznie od tego co kto lubi—dodać drobne
   paski szynki, pieczeni cielęcej, małe krewetki lub, jeszcze
   lepiej, raki.

   1. Zalać pokrojonego ogórka i rzodkiewki połową
zawartości słoika barszczu w misce lub wazie do zupy. Dodać
koper i szczypiorek.
   2. Dodać sok z cytryny, cukier, proszek z rosołu, śmietanę
i maślankę do płynu który pozostał w słoiku. Założyć
pokrywkę i wymieszać.
   3. Dodać zawartość słoika do miski wraz z mięsem lub
krewetkami jeśli się chce je dodawać. Włożyć do lodówki na
kilka godzin lub na noc.
   4. Pokroić jajka na twardo na plasterki lub ćwiartki i
włożyć do zupy lub podawać osobno.

Wychodzi 6 do 8 porcji.

COLD SUMMER BEET SOUP

1 quart jar prepared borscht with strips of beets
1 medium cucumber, sliced
3 to 4 radishes, sliced
Dill and chives, to taste
1 teaspoon grated onion (optional)
Juice of ½ lemon
A dash of sugar
2 packets (.14 ounces each) beef or chicken broth powder
2 to 3 tablespoons sour cream
1 cup buttermilk
optional—add thin strips of ham, cold veal roast or small
    cooked shrimp (better yet, crayfish)
3 to 4 hard-boiled eggs for garnish

1. Pour half of borscht over sliced cucumber and radishes in bowl or serving dish. Season with chopped dill and chives.

2. Add grated onion (if desired), lemon, sugar, broth powder, sour cream and buttermilk to liquid remaining in borscht bottle, and shake well with lid on.

3. Add mixture in bottle to bowl. Add meat or shrimp (if desired). Cool in refrigerator for several hours or overnight.

4. Slice or quarter hard-boiled eggs and serve in or alongside the soup.

Makes 6 to 8 servings.

ZUPA OGÓRKOWA

1 funt nerek cielęcych
3 do 4 średnich kiszonych ogórków
1 łyżka masła
6 filiżanek rosołu wołowego
1 funt kartofli, pokrojonych w kostki
1 filiżanka kwaśnej śmietany
Sól i pieprz, do smaku
Sok z kiszonych ogórków, do smaku

1. Gotować nerki w osobnym garnku, zmieniajac wodę parokrotnie po zagotowaniu. Gdy nerki zrobią się miękkie, trochę przestudzić i pokrajać na cienkie plasterki. Odstawić na bok.

2. Obrać ogórki, wybrać nasiona i pokroić w kostkę. Dusić z masłem i odrobiną rosołu.

3. Pokroić kartofle w kostkę i dodać do rosołu, gotując do czasu gdy kartofle zrobią się miękkie. W tym momencie dodać ogórki (jeśli doda się ogórki wcześniej, kartofle czasem pozostają twarde).

4. Dodać nerki do zupy.

5. Dodać smietanę i wymieszać, dodając sól i pieprz do smaku.

6. Skosztować zupę, dodać płynu z kiszonych ogórków, po trochu, do smaku. Płyn z ogórków można zastąpic sokiem z cytryny.

Wychodzi 6 do 7 porcji.

DILL PICKLE SOUP WITH KIDNEYS

1 pound veal kidneys
3 to 4 medium pickles
1 tablespoon butter
6 cups beef stock
1 pound potatoes, cubed
1 cup sour cream
Salt and pepper, to taste
Pickle juice, to taste

1. Boil kidneys in separate pot, changing water several times after it comes to a boil. When kidneys are soft, cut them into thin slices and set aside.

2. Peel the pickles, remove seeds and dice. Braise in the butter and a little of the beef stock.

3. Cube potatoes and add to beef stock, cooking until they are soft. Then add cooked pickles (if pickles are added earlier, the potatoes may not soften).

4. Place sliced kidneys into soup.

5. Add sour cream to the soup, stirring until smooth. Season to taste with salt and pepper.

6. After tasting the soup, add pickle liquid, a little at a time, until desired degree of sourness is achieved. Lemon juice may be substituted for pickle juice.

Makes 6 to 7 servings.

ZUPA RAKOWA

20 do 30 żywych raków, lub, funt średnich krewetek
1 pęczek świeżego koperku
Solona woda do pokrycia raków
2 do 3 łyżek masła
6 filiżanek lekkigo rosołu
½ filiżanki kwaśnej śmietany
1 łyżka mąki
1 łyżka posiekanego świeżego koperku
Sól i pieprz

1. Umyć raki lub krewetki i porządnie wypłukać. Dodać pęczek koperku do gotującej się wody i dodać raki. Gotować dalsze 8 to 10 minut, zależnie od wielkości. Odcedzić, zachowując płyn w którym się gotowały.

2. Obrać raki, zachowując tak duże kawałki jak się da, z tym że trzeba koniecznie usunąć czarną nitkę wzdłuż grzbietu. Zachować skorupy.

3. Rozdusić skorupy na masę, przy pomocy tłuczka i moździerza. Podsmażać tę masę z masłem w ciężkiej patelni, około pół godziny.

4. Dodać skorupy do płynu w którym się raki gotowały i wyławiać "koralowe masło" które wypływa na powierzchnię. Zachować do dodania do zupy później.

5. Po wyłowieniu całego "masła koralowego", zredukować płyn do jednej filiżanki i dodać do rosołu.

6. Dodać śmietanę zmieszaną z mąką i zagotować razem żeby zakipiało. Dodać oczyszczone kawałki raków, "masło koralowe" i posiekany koperek. Dodać soli i pieprzu do smaku.

Wychodzi 6 do 7 porcji

CRAYFISH SOUP

20 to 30 live crayfish, or 1 pound fresh medium shrimp
1 bunch fresh dill
Salted water to cover
2 to 3 tablespoons butter
6 cups light soup stock
½ cup sour cream
1 tablespoon flour
1 tablespoon chopped fresh dill
Salt and pepper

1. Scrub crayfish or shrimp and rinse thoroughly. Add the bunch of fresh dill to boiling water and add the crayfish. Cook for another 8 to 10 minutes, depending on size. Drain, reserving liquid.

2. Shell crayfish, keeping pieces as large as possible, but be sure to remove the black thread (digestive tract) down their backs. Reserve shells.

3. Pound shells into a mass, using a mortar and pestle. Sauté this mass in a heavy skillet, with butter, for 30 minutes.

4. Combine shells with liquid in which crayfish cooked and skim the "coral butter" which floats of the surface to add to the soup later.

5. After all "coral butter" has been skimmed, reduce liquid to one cup, strain and add to the soup stock.

6. Add sour cream, blended with the flour, and bring to a rolling boil once. Add cleaned crayfish meat, the skimmed "coral butter" and chopped dill. Season to taste with salt and pepper.

Makes 6 to 7 servings.

ZUPA CHLEBOWA

6 filiżanek mocnego bulionu z wołowiny
1 łyżka mąki
1 łyżka masła
6 kawałków chleba żytniego lub razowego
Masło do posmarowania chleba
2 parówki lub podobna ilość salami albo kiełbasy krajanej
6 jaj ugotowanych bez skorupy we wrzątku
Sól i pieprz

1. Zaprawić podgrzany bulion masą zrobioną z mąki przybrązowionej na sucho i masła. Wymieszać masę z odrobiną bulionu i dodać do zupy.
2. Wysmarować chleb masłem i zrobić grzanki w piecu lub piekarniku.
3. Pokroić kiełbasę w kostkę i dodać do zupy.
4. Przelać zupę do sześciu misek lub talerzy i podawać pokrytą grzanką i jajkiem.
5. Dodać soli i pieprzu do smaku.

Wychodzi 6 porcji.

BREAD SOUP

6 cups strong beef bouillon
1 tablespoon flour
1 tablespoon butter
6 slices rye or pumpernickel bread
Butter to spread on toast
2 frankfurters or equivalent amount of salami or Polish
    sausage, diced
6 eggs, poached
Salt and pepper

    1. Thicken the heated bouillon with paste made of dry-browned flour and butter, stirred smooth with a little of the broth. Let simmer.

    2. Butter the bread slices and toast in the oven or under the broiler. Set aside.

    3. Dice sausage and add to the soup.

    4. Pour into individual bowls and top each with a piece of toast on which a poached egg has been placed.

    5. Season to taste with salt and pepper.

Makes 6 servings.

ZUPA KALAFIOROWA

1 średni kalafior, pokrojony na kawałki
6 filiżanek rosołu z kury
1 łyżka masła
1 łyżka mąki
2 do 3 żółtek
½ filiżanki gęstej lub średniej śmietanki (lub kwaśnej
    śmietany)
Sól i pieprz
6 świeżych pieczarek, pokrojonych w paseczki i
    podduszonych osobno w maśle
Krutony podawane osobno dla ozdoby

1. Ugotować kalafior w gotującej się solonej wodzie do miękkosci, około 20 do 30 minut. Zachować osobno kilka kawałków kalafiora.
2. Utłuc resztę kalafiora i dodać do gorącego rosołu z kury.
3. Zagęścić zupę dodając masło i mąkę, utarte razem i rozcieńczone odrobiną rosołu. Gotować razem przez kilka minut.
4. Ubić żółtka ze śmietanką. Dodać do zupy, po trochu, mieszając cały czas żeby się nie ścieła.
5. Dodać soli i pieprzu, do smaku.
6. Dodać zachowane kawałki kalafiora i grzyby. Podawać z krutonami.

Wychodzi 6 do 7 porcji.

CAULIFLOWER SOUP

1 medium cauliflower, cut into florets
6 cups chicken stock
1 tablespoon butter
1 tablespoon flour
2 to 3 egg yolks
½ cup heavy or medium sweet cream (or sour cream)
Salt and pepper
6 fresh mushrooms, cut into strips and sautéed in butter
Croutons for garnish

1. Cook cauliflower in salted boiling water until tender, about 20 to 30 minutes. Reserve 6 to 8 florets.

2. Mash the rest of the cauliflower, and combine with hot chicken stock.

3. To thicken, add the butter and the flour, after they have been stirred to a paste and diluted with stock until smooth. Let simmer another few minutes.

4. Beat the egg yolks with the cream. Add mixture to the soup, a little at a time, stirring constantly to avoid curdling.

5. Season to taste with salt and pepper.

6. Add the reserved florets, mushrooms and serve with croutons.

Makes 6 to 7 servings.

ZUPA CYTRYNOWA

2 żółtka
1 łyżka mąki
⅔ filiżanki kwaśnej śmietany
6 filiżanek rosołu z kury
Utarta skórka z małej lub średniej cytryny
Sok z tej samej cytryny

1. Ubić żółtka z mąką, dodać śmietanę i mieszać do gładkości.
2. Powoli dodawać gorący rosół, unikając tego żeby się zupa ścieła.
3. Dodać skórkę cytrynową.
4. Skoro smaki się różnią, dodawać sok z cytryny powoli, kosztując, żeby zupa nie zrobiła się za kwaśna.
5. Zagrzać gruntownie na bardzo małym ogniu.

Podawać z krutonami lub gorącym ryżem.

Wychodzi 6 do 7 porcji.

LEMON SOUP

2 egg yolks
1 tablespoon flour
⅔ cups sour cream
6 cups chicken stock
Grated rind from 1 small to medium lemon
Juice of same lemon

1. Beat raw egg yolks and flour into sour cream until thoroughly smooth.
2. Slowly add hot, strained soup stock, being careful not to let liquid curdle.
3. Add lemon rind.
4. Since tastes differ, add lemon juice a little at a time, or soup may turn out to be too tart.
5. Heat thoroughly on very low heat.

Serve with croutons or hot boiled rice.

Makes 6 to 7 servings.

ZUPA Z PORÓW

4 pory, pokrojone na kawałki
2 łyżki masła
3 filiżanki rosołu z wołowiny lub kury
4 średnie kartofle, pokrojone w kostkę
1 łyżka kminku
Sól, do smaku

1. Gotować pory z masłem i filiżanką wody około 20 minut.

2. Zagotować rosół, i dodać do niego kartofle i kminek. Gotować około 20 minut, lub do chwili kiedy kartofle zrobią się miękkie.

3. Dodać pory wraz z płynem w którym się gotowały do rosołu, posypać solą do smaku.

Można podać z grzankami.

Wychodzi 6 porcji.

LEEK SOUP

4 leeks, sliced
2 tablespoons butter
3 cups beef broth
4 medium potatoes, diced
1 tablespoon caraway seeds
Salt, to taste

1. Cook the leeks, well washed, with butter in 1 cup of water for about 20 minutes.

2. Bring the broth to a boil, then add the potatoes and caraway seeds. Simmer until the potatoes are tender.

3. Add the leeks with their liquid, and season with salt to taste.

May be served with croutons.

Makes 6 servings.

ZUPA KARTOFLANA Z BOCZKIEM

5 do 6 średnich kartofli, obranych i pokrojonych w plasterki
1 średnia marchewka, pokrojona w plasterki
1 średni pasternak, pokrojony w plasterki
7 filiżanek rosołu wołowego
¼ funta boczku
1 średnia cebula, pokrojona w plasterki
1 łyżka mąki (najlepiej firmy "Wondra", bo ta się nie zbija w
  kluchy)
Sól, do smaku
1½ łyzek kopru lub pietruszki

    1. Gotować kartofle, marchew i pasternak w goracym rosole aż się kartofle zrobią miękkie.
    2. Smażyć boczek z cebulą aż nabiorą złotego koloru. Dodać je do zupy wraz z połową tłuszczu z boczku.

    3. Dodać mąkę do tłuszczu pozostałego w patelni. Smażyć przez moment, a potem rozrzedzić trochę płynem z zupy i dodać do garnka i zagotować. Dodać soli do smaku i posypać koprem lub pietruszką.

Wychodzi 8 do 10 porcji.

POTATO SOUP WITH BACON

5 or 6 medium potatoes, peeled and sliced
1 medium carrot, sliced
1 parsley root, sliced
6 cups beef broth
¼ pound bacon, sliced
1 medium onion, sliced
1 tablespoon flour (preferably non-lumpy "Wondra")
Salt, to taste
1½ tablespoons chopped dill or parsley

1. Cook the potatoes, carrot and parsley root in boiling broth until the potatoes are tender.

2. Fry the bacon with the onion until the onion changes color a bit and bacon is slightly crisp. Add to the soup with half of the drippings.

3. Add the flour to the rest of the drippings, cook for a few moments and then add a little of the soup. Combine with the rest of the soup and bring to a boil. Season with salt and add chopped dill or parsley.

Makes 8 to 10 servings.

NÓŻKI W GALARECIE

4 świeże kawałki golonki (około 2 funtów)
1 duża cebula
4 średnie marchewki
2 łodygi selera
5 ziaren pieprzu
Gałązka świeżej zielonej pietruszki
2 liście bobkowe
1 filiżanka białego wina
Sok z ½ cytryny
2 białka (ubite), wraz z łupinami
Kawałki cytryny i chrzan do podania osobno

1. Włozyć nóżki, całą cebulę, marchewki i selery, wraz z pieprzem, pietruszką i liśćmi bobkowymi do garnka, zalewając zimną wodą do pokrycia.

2. Gotować powoli do czasu gdy mięso zacznie łatwo odchodzić od kości (1½ do 2 godzin)
3. Wyjąć jarzyny z rosołu (zachowując marchewki do udekorowania spodu formy). Ostudzić mięso i obrać z kości.

4. Przecedzić rosół i odegrzać, dodając wino i sok z cytryny. Gdy rosół zacznie się w pełni gotować, dodać białka (lekko ubite z odrobiną wody), a potem również dodać skorupy. (Ta procedura wyciągnie nieczystości pływające w rosole i pozostawi czysty rosół). Ponownie przecedzić.
5. Ułożyć plasterki marchewki (które można przedtem wykroić na krztałt gwiazdek lub inny małym nożem), i pokryć

PIGS' KNUCKLE JELLY

4 fresh pigs' knuckles (about 2 pounds)
1 large onion
4 medium carrots
2 celery stalks
5 peppercorns
A sprig of fresh parsley
2 bay leaves
1 cup white wine
Juice of ½ lemon
2 egg whites (beaten), along with their shells
Lemon wedges and horseradish for garnish

1. Place knuckles and whole onion, carrots and celery stalks with peppercorns, parsley and bay leaves into pot with cold water to cover (the vegetables will be discarded later, except for carrots).

2. Simmer until meat separates easily from the bones (1½ to 2 hours).

3. Remove vegetables from broth (saving carrots for later decoration of the bottom of the mold). Cool meat and remove from the bones.

4. Strain broth and reheat, adding wine and lemon juice. When liquid comes to a full boil, add egg whites (beaten lightly with a little water), and then their shells. This will absorb any impurities floating in the liquid and create a clear broth. Strain once more.

5. Arrange carrot slices (which could be cut to a star or other shape with a small knife), topped by meat pieces in the

kawałkami mięsa na dole formy. Wlać do tego rosół i wstawić do zimnego miejsca żeby się ścieło.

Podawać z kawałkami cytryny i chrzanem po bokach.

Wychodzi 4 do 5 porcji.

JAJKA FASZEROWANE

7 jajek
3 łyżki bułki tartej
4 łyżki kwaśnej śmietany
1 łyżka świeżego koperku, posiekanego
1 łyżka szczypiorku
Sól i pieprz, do smaku
2 łyżki masła

1. Umyć jajka, włożyć do garnka i zalać zimną wodą. Zagotować i gotować dalej na małym ogniu przez 10 minut. Wyjąć z garnka i pokryć zimną wodą.
2. Gdy jajka ostygną, przekroić je wzdłuż ostrym nożem, starając się nie kruszyć skorupek. Wydrążyć jajka i drobno posiekać.
3. Wymieszać jajka siekane z 1 łyżką bułki tartej, śmietaną, koperkiem, szczypiorkiem i solą i pieprzem. Pokryć resztą bułki tartej i wygładzić nożem.

4. Podegrzać masło w dużej patelni i usmażyć jajka (faszerowaną stroną w dół) aż nabiorą złotego koloru.

Wychodzi 7 porcji.

bottom of a mold dish. Pour broth into the mold and set aside in a cool place to chill and Solidify.

Serve with wedges of lemon and horseradish on the side.

Makes 4 to 5 servings.

STUFFED EGGS

7 eggs
3 tablespoons bread crumbs
4 tablespoons sour cream
1 tablespoon dill, chopped
1 tablespoon chives, chopped
Salt and pepper, to taste
2 tablespoons butter

1. Wash the eggs, place in a pot and cover with cold water. Heat until the water boils and cook over low heat for 10 minutes. Remove from the pot and place in cold water.
2. Cut the eggs lengthwise, using a sharp knife. Avoid crushing the shells. Scoop out the eggs and chop fine.

3. Mix the chopped eggs with 1 tablespoon of the bread crumbs, sour cream, dill, chives and salt and pepper. Return the mixture to the shells, cover with the rest of the bread crumbs and flatten with a knife.
4. Heat the butter in a large skillet. Fry the eggs (stuffing down) until golden.

Makes 7 servings.

SALATA PO POLSKU

2 małe główki sałaty (takiej jak bib, Boston, lub innej
   podobnej).
3 jajka, ugotowane na twardo
1 łyżeczka cukru
Sok z jednej cytryny
1 filiżanka kwaśnej śmietany
Sól, do smaku

1. Spłukać sałatę i odstawić w chłodne miejsce.

2. Rozdzielić jajka na żółtka i białka. Zetrzeć żółtka i
wymieszać z cukrem. Białka pokroić w drobną kostkę do
posypania sałaty na końcu.
3. Wymieszać sok z cytryny ze śmietaną i dodać do
żołtek. Posolić, do smaku.
4. Polać sałatę sosem i wymieszać, posypując posiekanym
białkiem.

Wychodzi 5 do 6 porcji.

LETTUCE WITH SOUR CREAM

2 small heads of soft lettuce (such as bib, Boston or similar)
3 hard-boiled eggs
1 teaspoon sugar
Juice of 1 lemon
1 cup sour cream
Salt, to taste

1. Wash and dry lettuce thoroughly and set aside in a cool place.
2. Separate hard-boiled egg yolks and egg whites. Grate the yolks and mix with the sugar. Cut the egg whites into small chunks to garnish the salad before serving.
3. Mix the lemon juice with the sour cream and add to the egg yolks. Add salt to taste.
4. Pour the mixture over the lettuce, garnish with the chopped egg whites, and serve at once.

Makes 5 to 6 servings.

Główne Dania
Main Courses

BIGOS BOLKA

Gotuje się to danie przez trzy dni, ale warto na nie czekać!

Składniki na pierwszy dzień:
2 funty kiszonej kapusty
2 do 3 funtowa pieczeń wieprzowa
1 do 2 łyżeczek kminku
2 lub 3 liście bobkowe

    Dusić kapustę z wieprzowiną, kminkiem i liśćmi bobkowymi około 3 godzin na średnim ogniu, często sprawdzając żeby trochę wody było na dnie garnka.

Składniki na drugi dzień:
1 średnia świeża kapusta, poszatkowana
½ filiżanki suszonych grzybów, zmiękczonych w gorącej
    wodzie i pokrojonych na paseczki (płyn po grzybach ma
    być dodany do bigosu razem z grzybami)
1 puszka (1 funtowa) duszonych pomidorów, lub ta sama ilość
    świeżych
2 kwaśne jabłka (z rodzaju Granny Smith), pokrojone na
    cienkie plasterki

    Dodać wszystko do składników z pierwszego dnia i gotować dalsze dwie godziny.

BOLEK'S HUNTER'S STEW

This traditional dish takes three days to complete, but it is well worth waiting for.

Ingredients for day 1:
2 pounds sauerkraut
2 to 3 pounds pork roast
1 to 2 teaspoons caraway seeds
2 to 3 bay leaves

Stew sauerkraut with port roast, caraway seeds and bay leaves for 3 hours on medium heat, making sure that there is a little bit of water in the pot at all times.

Ingredients for day 2:
1 medium cabbage, shredded
½ cup dried mushrooms, softened in hot water and cut into small strips (liquid from mushrooms is then added to the stew along with the mushrooms)
1 can (1 pound) stewed tomatoes or equivalent in fresh tomatoes
2 sour apples (such a Granny Smith), sliced thin

Add all of these to first day's ingredients and stew for about two hours more.

Składniki na trzeci dzień:

2 torebki (0.14 uncji każda) proszku rosołu wołowego (lub 2
    łyżeczki masy wołowej—ja używam Knorr's Gourmet
    Edge Beef Base)
1 łyżeczka cukru
1 do 1½ filiżanek wytrawnego czerwonego wina
Około 1 funta polskiej kiełbasy, pokrojonej w plasterki
(można również dodać kawałki pieczonej kaczki, zimnego
    mięsa gotowanego, (wołowiny lub cielęciny),
    pokrojonego w paseczki, albo plasterki innych kiełbas)

Gotować całość z nowymi dodatkami około godziny.

Danie to staje się lepsze za każdym podgrzaniem.

Wychodzi 15 do 20 porcji.

Ingredients for day 3:

2 envelopes (0.14 ounce each) beef broth powder (or 2
    teaspoons beef base—I use Knorr's Gourmet Edge Beef
    Base)

1 teaspoon sugar

1 to 1½ cups dry red wine

1 pound Polish sausage, cut into slices

(other possible additions can be pieces of roast duck, cold
    cooked meats, beef or veal, cut into strips, or other types
    of sausage as well)

    Continue cooking with new additions for another hour
or so.

This dish becomes better each time it is reheated.

Makes 15 to 20 servings.

KOŁDUNY

Farsz:
¼ funta szpiku kości lub łoju
1 średnia cebula, starta
1 łyżka masła
Sól i pieprz, do smaku
1 łyżeczka majeranku
1 łyżka bulionu
1 funt baraniny bez kości, zmielonej
Ciasto do kołdunów:
2 filiżanki mąki
1 ekstra duże jajko
Kilka kropel wody, według potrzeby
4 filiżanki czystego rosołu, jeśli kołduny mają być podane
    jako pierwsze danie

Do podania osobno:
Kwaśna śmietana
Koperek posiekany

1. Rozetrzeć szpik do konsystencji puree.
2. Dusić cebulę w maśle aż zrobi się jasno złota. Dodać sól, pieprz i majeranek, wymieszać ze szpikiem i zwilżyć jedną łyżeczką rosołu. Wymieszać gruntownie.
3. Dodać masę do mięsa. (Niektórzy wolą używać ½ baraniny i ½ wołowiny, lub nawet samą wołowinę, ale mnie się wydaje że baranina najlepiej pasuje do tej potrawy.) Uformować małe kulki (około ⅓ cala).

MEAT POCKETS

Filling:
½ pound bone marrow or suet
1 medium onion, grated
1 tablespoon butter
Salt and pepper, to taste
1 teaspoon marjoram
1 tablespoon bouillon
1 pound boneless lamb, chopped
Dough for meat pockets:
2 cups flour
1 extra large egg
A few teaspoons water as needed
4 cups clear bouillon, if serving as first course

Garnish:
Sour cream, served on the side
Fresh dill, chopped

1. Mash marrow to consistency of a purée.
2. Simmer onion in butter to a light golden brown. Add salt, pepper and marjoram, combine with marrow and moisten with 1 tablespoon bouillon. Blend thoroughly.
3. Combine with chopped lamb. (Some prefer to use ½ lamb and ½ beef, or even all beef, but I think lamb is the most appropriate for this dish). Roll mixture into small balls (about ⅓ inch round).

4. Przyszykować ciasto mieszając mąkę, jajko i wodę dopóki ciasto nie stanie się elastyczne pod ręką. Wywałkować na cienko. Wycinać szklanką lub foremką na krążki, położyć kulkę mięsa na środek i zalepić boki. (Kołduny można zamrozić układając je w jednej warstwie do późniejszego użytku.)

5. Gotować kołduny w dużym garnku w kipiącej wodzie aż wypłyną na powierzchnię. Podawać w bulionie, między 6 i 8 na osobę. Kwaśna śmietana i koperek powinny być podane osobno.

Kołduny również można podawać jako główne danie. W tym wypadku, powinny być polane tartą bułeczką z roztopionym masłem.

Wychodzi 4 do 5 porcji.

4. Prepare dough by mixing flour, egg and water together well. Work until firm. Roll into a very thin sheet. Cut with cookie cutter or glass, placing stuffing in center and folding over. Pinch edges securely. (May be frozen in single layer for later use.)

5. Cook pockets in a large pot of boiling water until they rise to the surface. Serve in clear bouillon, allowing 6 to 8 pockets per person. Sour cream and fresh chopped dill may be offered on the side.

The pockets may also be served as a luncheon dish. They should then be garnished with bread crumbs browned in melted butter.

Makes 4 to 5 servings.

GOŁĄBKI

2 małe główki włoskiej kapusty
Gotująca się solona woda
1 średnia cebula, drobno posiekana
1 łyżka masła
1 funt siekaniny (wołowiny, wieprzowiny, baraniny lub też
　　resztek pieczeni, według gustu)
1 biała bułeczka, wymoczona w mleku i utarta (można też
　　zamiast tego dodać 1 filiżankę gotowanego ryżu)
Sól, pieprz i szczypta gałki muszkatołowej
2 surowe jajka, lekko ubite
Boczek do wyłożenia naczynia
1 puszka pomidorów (6 do 8 uncji)

　　1. Podgotować kapustę około 5 minut w solonej wodzie.
Odcedzić i ostudzić.
　　2. Rozłożyć ochłodzone liście kapusty, wyciąć twardy
środek z każdego listka i wypełnić następującym farszem:
Lekko przybrązowić cebulę w maśle i wymieszać z mięsem,
bułeczką (lub ryżem), solą, pieprzem, gałką muszkatołową i
jajkami.
　　3. Zwinąć gołąbki i ułożyć blisko siebie w naczyniu
ogniotrwałym wyłożonym boczkiem. Dodać kawałki kapusty
po bokach i z wierzchu.
　　4. Dodać ½ filiżanki wody lub rosołu, małą puszkę (6 do
8 uncji) pomidorów (albo 2 świeże pomidory, pokrojone w
plasterki) i pokryć wiekiem lub folią.
　　5. Piec pod przykryciem 1½ godziny w piecu rozgrzanym
na 375°, do czasu gdy kapusta się zbrązowi.

STUFFED SAVOY CABBAGE

2 small heads savoy cabbage
Salted boiling water
1 medium onion, minced
1 tablespoon butter
1 pound ground meat (beef, pork or lamb, as well as leftover
    roast, according to preference)
1 white roll, moistened in milk and mashed (you may
    substitute 1 cup cooked rice)
Salt, pepper and a dash of nutmeg
2 whole eggs, lightly beaten
Bacon strips for lining casserole
1 can (6 to 8 ounces) whole tomatoes

    1. Parboil cabbage for 5 minutes in salted boiling water.
Drain and cool.
    2. Spread cooled cabbage leaves, cut out the hard center
of each leaf and fill with the following stuffing: Brown onion
lightly in butter. Mix thoroughly with meat, roll (or rice),
season with salt, pepper and nutmeg, to taste. Add eggs.

    3. Roll up each filled leaf and arrange tightly in a
casserole dish lined with bacon strips. Extra pieces of cabbage
may be tucked into corners of casserole.
    4. Add ½ cup of water or broth, a small can (6 to 8 ounces)
of tomatoes (or two fresh tomatoes, sliced) and cover tightly.

    5. Bake covered in a 375° oven for about 1½ hours, until
cabbage looks baked and brown.

Można wszystko powyżej zrobić poprzedniego dnia i
odegrzać przed podaniem.

Tuż przed podaniem, dodać sosu jak następuje: Wymieszać
razem 1 łyżkę masła, 1½ łyżeczki mąki, ½ filiżanki kwaśnej
śmietany i ½ filiżanki wody lub rosołu i zagotować. Podlać
tym gołąbki przed podaniem.

Wychodzi 8 do 10 porcji.

SZTUFADA

3-funtowa pieczeń wołowa, biodrówka lub polędwica
2 łyżeczki suchego majeranku
1 duża cebula, pokrojona w paski

Marynada:
3 filiżanki goracej wody
9 jagód indyjskiej przyprawki
9 ziaren pieprzu
4 lub 5 listków bobkowych
6 łyżek octu jabłkowego

boczek do szpikowania pieczeni
2 łyżki masła
2 łyżki masy z pomidorów
½ filiżanki mocnego bulionu z wołowiny
½ filiżanki wytrawnego czerwonego wina
1 ząbek czosnku, pokrojony
Sól, pieprz i papryka, do smaku

This may be done a day earlier and reheated before serving.

Just before serving, add sauce: combine 1 tablespoon butter, 1½ teaspoons flour, ½ cup sour cream and ½ cup water of bouillon and bring to a boil. Pour over cabbage.

Makes 8 to 10 servings.

SUPER POT ROAST

3-pound beef rump or fillet, well trimmed
2 teaspoons dried marjoram
1 large onion, sliced

Vinegar Marinade:
3 cups boiling water
9 allspice berries
9 peppercorns
4 or 5 bay leaves
6 tablespoons cider vinegar

bacon for larding roast
2 tablespoons butter
2 tablespoons tomato paste
½ cup strong beef bouillon
½ cup dry red wine
1 garlic clove, crushed
Salt, pepper and paprika, to taste

1. Natrzeć mięso majerankiem, pokryć plastrami cebuli i zalać gorącą marynadą. Przechować w lodówce przez dzień lub dwa.

2. Spłukać i osuszyć pieczeń, naszpikować surowym boczkiem i obsmażyć na patelni w maśle ze wszystkich stron.

3. Przełożyć pieczeń do ogniotrwałego naczynia z pokrywką i polać tłuszczem z boczku z patelni. Dodać cebulę i majeranek z marynady.

4. Dodać masę z pomidorów, bulion, wino, czosnek i przyprawy i piec na 350° pod mocnym przykryciem przez 2 godziny lub do czasu gdy pieczeń stanie się miękka.

5. Dać pieczeni postać przez 10 minut, a potem pokroić cieńko i zalać sosem z pieczenia.

Podawać z czerwoną kapustą.

Wychodzi 5 do 6 porcji.

1. Rub roast with marjoram, place onion slices over it, and cover with hot marinade. Refrigerate for 1 to 2 days.

2. Rub roast with uncooked bacon. Then brown bacon in butter in skillet.

3. Transfer roast to a casserole, pouring bacon fat from skillet over meat, along with onion and marjoram from marinade.

4. Add tomato paste, bouillon, wine, garlic and seasonings and bake in 350° oven, tightly covered, for about 2 hours, or until tender.

5. Let stand for 10 minutes, then slice thin and pour baking juices over roast.

Serve with red cabbage.

Makes 5 to 6 servings.

KLOPSIKI CIELĘCE Z KOPERKIEM

2 kawałki białego chleba, umoczone w mleku i wyciśnięte
½ średniej cebuli, drobno posiekanej
1 jajko
1 funt siekanej cielęciny
Sól i pieprz, do smaku
3 łyżki mąki
1½ łyżki tłuszczu jarzynowego lub masła
1 filiżanka wołowego lub kurzego bulionu
½ filiżanki kwaśnej śmietany
1 łyżka świeżego kopru, posiekanego

1. Dokładnie wymieszać chleb z cebulą, jajkiem i mięsem. Dodać soli i pieprzu.
2. Ukręcić w małe kulki i wytoczyć je w mące. Ułożyć kulki na patelni i przybrązowić w tłuszczu.
3. Zalać kulki bulionem, przykryć i dusić około 20 minut.
4. Przełożyć kulki do ciepłego naczynia i wykończyć do nich sos, dodając resztę mąki do sosu na patelni, sól i pieprz, oraz śmietanę i koper. Zalać mięso sosem.

Wychodzą z tego 4 porcje.

VEAL BALLS WITH DILL

2 slices white bread, soaked in milk and dried a little
½ medium onion, minced
1 egg
1 pound ground veal
Salt and pepper, to taste
3 tablespoons flour
1½ tablespoons butter
1 cup beef or chicken bouillon
½ cup sour cream
1 tablespoon fresh dill, chopped

1. Mix the bread with the onions, egg and meat thoroughly. Add salt and pepper.

2. Form small balls from the mixture and roll them in flour. Brown in hot butter on all sides.

3. Pour the bouillon over the veal balls, cover and simmer for about 20 minutes. Remove to a warm serving platter.

4. Add the rest of the flour to the pan drippings, and bring to a boil. Remove from the heat and season with salt, adding the sour cream and dill. Pour over meat.

Makes 4 servings.

ZRAZY ZAWIJANE Z KISZONYM OGÓRKIEM

1½ funta wołowiny z boku
6 plasterków boczku, pokrojonych na kawałki
3 średnie kiszone ogórki, obrane i przekrojone na kilka
    kawałków wzdłuż
Sól i pieprz, do smaku
2½ łyżki mąki
1½ łyżki tłuszczu z boczku
½ filiżanki wody
½ filiżanki kwaśnej śmietany

1. Przekroić każdy kawałek befsztyka z boku na trzy części wszerz. Mocno wytłuc.
2. Ułożyc boczek i ogórek na każdym kawałku mięsa. Zawinąć i umocnić wykałaczką. Posypać solą, pieprzem i mąką.
3. Zarumienić mięso w gorącym tłuszczu z boczku. Przełożyć do ogniotrwałego naczynia, zalać wodą.
4. Piec pod przykryciem na 350° przez 1½ godziny. Wyłożyć na nagrzany półmisek.
5. Dodać pozostałą mąkę do sosu w naczyniu i zagotować. Po zdjęciu z ognia, dodać śmietanę i polać mięso sosem.

Wychodzi 5 do 6 porcji.

BEEF ROLLS WITH DILL PICKLES

1½ pounds flank steak
6 strips bacon, sliced
3 medium dill pickles, peeled and cut into long pieces
Salt and pepper, to taste
2½ tablespoons flour
1½ tablespoons bacon drippings
½ cup water
½ cup sour cream

1. Cut each flank steak into 3 strips across. Pound the meat.

2. Place slices of bacon and pickles on each piece. Roll and fasten with toothpicks. Sprinkle with salt, pepper and flour.

3. Brown in hot bacon drippings. Transfer to baking dish, add the water and cover.

4. Bake at 350° for 1½ hours. Remove to a warmed platter.

5. Add remaining flour to the pan drippings in baking dish and bring to a boil. Add the sour cream and pour over meat.

Makes 5 to 6 servings.

SCHAB PO LWOWSKU

2 do 2½ funtów schabu bez kości
1 łyżka soku z cytryny
Majeranek, sól i pieprz, do smaku, do nacierania schabu dwa
    razy
1 filiżanka suszonych śliwek, bez pestek
¾ filiżanki orzechów włoskich, grubo posiekanych
1 żółtko

1. Natrzeć schab sokiem z cytryny, solą, pieprzem i majerankiem, owinąć w folię i zostawić w lodówce na 24 godziny.

2. Śliwki namoczyć na noc w niewielkiej ilości ciepłej
wody. Następnego dnia zagotować i pokroić w cienkie
paseczki.
3. Orzechy uprażyć na gorącej patelni, wymieszać ze
śliwkami, surowym żółtkiem i solą, pieprzem i majerankiem.

4. Naciąć schab w 3-4 miejscach do połowy wysokości, w
nacięcia włożyc przygotowany farsz.
5. Folię aluminiową wysmarować tłuszczem, ułożyć na
niej schab, szczelnie owinąć folią i piec na 350° około
godziny.

Wychodzi 5 do 6 porcji.

LWÓW PORK LOIN

2 to 2½ pounds boneless pork loin
1 tablespoon lemon juice
Marjoram, salt and pepper, to taste, for rubbing on roast twice
1 cup prunes, pitted
¾ cup walnuts, chopped roughly
1 egg yolk
1 tablespoon butter

1. Rub loin with lemon juice, sprinkle with salt, pepper and marjoram, wrap in aluminum foil and place in the refrigerator for 24 hours.

2. Soak the prunes in small amount of warm water overnight. On the following day, slice them into thin strips.

3. Roast the nuts on a heated frying pan for a few minutes. Then add the prunes, the egg yolk and salt, pepper and marjoram, to taste.

4. Make cuts in the roast in 3 or 4 places, about half-way through, and fill them with the prepared stuffing.

5. Grease the foil in which the roast had been wrapped with butter, fold it around the meat again and place it in a 350° oven for about 60 minutes.

Makes 5 to 6 servings.

FLAKI PO WARSZAWSKU

2 funty flaków
2 marchewki, pokrojone w paski
1 duża cebula, drobno posiekana
1 korzeń selera, pokrojony w paski
1 pasternak, pokrojony w paski
1 korzeń pietruszki
1 kawałek porów, pokrojony w paski
Rosół do pokrycia (około 2 filiżanek)
2 łyżki masła
1 łyżka mąki
Szczypta gałki muszkatołowej
Szczypta majeranku
1 łyżeczka utartego imbiru
Sól i pieprz
1 łyżeczka Maggi lub podobnej przyprawy
¼ filiżanki startego parmezanu, i więcej do podania na boku
½ filiżanki mleka

1. Moczyć flaki w zimnej wodzie przez szereg godzin przed użyciem. Zalać flaki świeżą wodą, zagotować, odcedzić i zacząć od nowa w zimnej wodzie. Gdy się woda zagotuje, przykryć i gotować na wolnym ogniu przez przynajmniej dwie godziny.

2. Dusić jarzyny w rosole około 15 do 20 minut, do miękkości.

3. Odcedzić flaki, pokroić w drobne paski i dodać do jarzyn. Płyn powinien je ledwo pokrywać.

4. Roztopić masło, wymieszać dobrze z mąką i dodać do flaków. Gotować dalsze 30 minut.

TRIPE À LA POLONAISE

2 pounds tripe (honeycomb type)
2 carrots, cut into strips
1 large onion, minced
1 celery root, cut into strips
1 parsnip, cut into strips
1 parsley root, cut into strips
1 leek, cut fine
Soup stock to cover (about 2 cups)
2 tablespoons butter
1 tablespoon flour
Dash of marjoram
Dash of nutmeg
1 teaspoon grated ginger
Salt and pepper
1 teaspoon Maggi extract or similar
¼ cup grated parmesan cheese, and more to serve on the side
½ cup milk

1. Soak tripe in cold water for several hours before using. Then cover tripe with fresh water, bring to a boil, drain and start again in cold water. When water begins to boil, cover and allow to simmer at least 2 hours, until tender.

2. Simmer vegetables in soup stock for 15 to 20 minutes.

3. Drain tripe, cut into thin strips and add to the vegetables. The liquid should barely cover the mixture.

4. Melt butter, combine with flour, stir until smooth and add to the pot. Simmer another 30 minutes.

*Przyprawy, zwłaszcza sól, powinny być dodane tylko do ostatnich 30 minut gotowania; w innym wypadku, flaki mogą się zrobić twarde i ciemne w kolorze.

5. Dodać majeranek, gałkę muszkatołową, imbir, sól, pieprz i wywar Maggi na ostatnie 30 minut gotowania. Gotować na bardzo wolnym ogniu pod szczelnym przykryciem. Dodać parmezan, i również mleko żeby flaki pozostały jasne w kolorze.

Może być podawane z kulkami z łoju lub szpiku kości, do których dodaje się dużo siekanego świeżego koperku:

KULKI DO FLAKÓW Z ŁOJU LUB SZPIKU KOŚCI

¼ funta łoju wołowego lub szpiku kości
2 jajka, rozdzielone
Sól i pieprz
2 łyżki bułki tartej
1 łyżka siękanego świeżego kopru
Mąka do obtarzania kulek

1. Posiekać łój lub szpik i dobrze rozmieszać z żółtkami, solą i pieprzem.
2. Dodać do masy bułkę tartą i delikatnie wymieszać z ubitą pianką z białek. Dodać koper. Wymieszać lekko rękami i ukręcić małe kulki, wielkości około 25 centówki. Wytaczać w mące.
3. Gotować w wodzie lub gorącym rosole około 30 minut. Kulki są gotowe gdy wypływają na powierzchnię.

Wychodzi 5 do 6 porcji.

*The seasoning, especially the salt, should never be added before the last 30 minutes of cooking; otherwise, the tripe will be tough and dark in color.

5. Add marjoram, nutmeg, ginger, salt and pepper and Maggi extract 30 minutes before meat is done. Simmer slowly, tightly covered. Add parmesan cheese, and for a creamier soup, add milk.

May be served with suet or marrow balls, to which a lot of fresh dill has been added:

SUET OR MARROW BALLS

¼ pound beef suet or marrow, or a mixture of the two
2 eggs, separated
Salt and pepper
2 tablespoons cracker meal or bread crumbs
1 tablespoon chopped fresh dill
Flour for rolling

1. Grind or mash the suet or marrow, and cream with egg yolks, salt and pepper.
2. Add cracker meal and fold in beaten egg whites. Add dill. Knead lightly with hands, and shape into small balls, the size of a quarter in diameter.
3. Roll in flour and cook in boiling water or in soup stock for about 30 minutes. The marrow balls are done when they rise to the surface.

Makes 5 to 6 servings.

PIECZEŃ ZBÓJECKA

3 funty polędwicy wołowej bez kości
2 łyżki oliwy
3 do 4 średnich cebul, pokrojonych w plasterki
3 do 4 łyżek masła
Sól i pieprz
Mąka do obtoczenia pieczeni, plus ½ łyżeczki do sosu
3 do 4 łyżek rosołu lub bulionu
2 łyżeczki podpalonego cukru (przepis poniżej)

1. Natrzeć pieczeń starannie oliwą i pokryć plasterkami cebuli. Odstawić na przynajmniej 2 godziny.
2. Na 30 minut przed podaniem, zarumienić masło, posypać pieczeń solą i pieprzem, do smaku, wytaczać w mące i szybko obsmażyć ze wzystkich stron.
3. Dodać kilka kawałków cebuli i przybrązowić. Dodać ½ łyżeczki rosołu i podpalony cukier.

Podpalony cukier:
Roztopić cukier w suchej patelni na wolnym ogniu, i gotować aż cukier zrobi się ciemno brązowy (uważając żeby się nie spalił). Dodać do sosu.

4. Gdy sos będzie dobrze wymieszany, wsadzić pieczeń do gorącego pieca (450°) na około 10 minut. Pieczeń ma być różowa we środku. Pokroić pieczeń na cienkie kawałki i zalać sosem.

Wychodzi 6 do 7 porcji.

BRIGANDS' POT ROAST

3 pounds boneless beef sirloin
2 tablespoons olive oil
3 to 4 medium onions, sliced
3 to 4 tablespoons butter
Salt and pepper
Flour for rolling, plus ½ teaspoon for sauce
3 to 4 tablespoons stock or bouillon
2 teaspoons caramelized sugar (recipe follows)

1. Rub the meat thoroughly with olive oil and cover all over with onion slices. Let stand at least 2 hours.

2. 30 minutes before serving, heat the butter until brown, season the meat with salt and pepper, to taste, roll in the flour and sear quickly on both sides.

3. Add a few slices of the onion and allow them to brown. Add ½ teaspoon flour, the soup stock and the caramelized sugar.

Caramelized Sugar:
Melt sugar in a dry pan over low heat, and allow to caramelize until dark brown (taking care not to burn) Blend into stock.

4. When sauce is blended, put pot roast into preheated 450° oven for 10 minutes, taking care not to overcook. Meat must be pink inside. Slice thin and pour sauce over meat.

Makes 6 to 7 servings.

KACZKA DUSZONA Z CZERWONĄ KAPUSTĄ

1 kaczka (około 5 funtów)
Masło do polewania kaczki
1 średnia czerwona kapusta
Sól i pieprz
Sok z ½ cytryny
2 do 3 uncji solonego boczku, pokrojonego w kostkę
1 mała cebula
1 łyżeczka mąki
1 filiżanka czerwonego wina
1 łyżeczka cukru
1 łyżka kminku

1. Natrzeć kaczkę solą na 2 godziny przed pieczeniem.

2. Piec w piecu o temperaturze 425°, często polewając topionym masłem aż się zabrązowi (około 30 do 40 minut).

3. W tym czasie, poszatkować kapustę, zalać ją ukropem i odcedzić. Dodać soli i pieprzu do smaku i pokropić sokiem z cytryny. (Sok utrwala czerwony kolor kapusty.)

4. W ciężkim garnku, lekko podbrązowić pokrojony boczek wraz z cebulą, dodać mąkę i wymieszać żeby nie było grudek.

5. Dodać kapustę, czerwone wino, cukier i kminek. Dusić pod przykryciem około 30 minut.

6. Gdy kaczka zrobi się dobrze brązowa, dodać ją do garnka wraz z kapustą, dodając masło i tłuszcz z brytwanny. Dalej gotować wszystko rażem aż kaczka zrobi się calkiem miękka, około godziny.

Wychodzi 3 do 4 porcji.

DUCK BRAISED IN
RED CABBAGE

1 duckling (about 5 pounds)
Butter for basting
1 medium red cabbage
Salt and pepper
Juice of ½ lemon
2 to 3 ounces salt pork or bacon, diced
1 small onion
2 teaspoons flour
1 cup red wine
1 teaspoon sugar
1 tablespoon caraway seeds

1. Rub duck with salt 2 hours in advance of roasting.

2. Roast in 425° oven, basting frequently with butter, until nicely browned (30 to 40 minutes).

3. While it is roasting, shred the cabbage, blanch with boiling water, and drain. Season with salt and pepper to taste and sprinkle with lemon juice. (Juice helps to preserve the bright red color.)

4. In a heavy pot, brown the diced salt pork or bacon and onion lightly, add flour, and stir to keep from lumping.

5. Add cabbage, red wine, sugar and caraway seeds. Simmer, tightly covered, for about 30 minutes.

6. After duck becomes browned in the oven, transfer to the pot with the cabbage, adding the butter and duck fat from the roasting pan. Let simmer, covered, until duck is thoroughly cooked, about 60 more minutes.

Makes 3 to 4 servings.

DANIE Z KARTOFLI, JAJEK I ŚLEDZIA

4 filiżanki kartofli, obranych i pokrojonych w plasterki
1 duży lub dwa mniejsze śledzie rodzaju "matjas"
Masło i mąka (lub tarta bułeczka) do wysypania na
    ogniotrwałe naczynie do pieczenia
3 do 4 jajek, ugotowanych na twardo i pokrojonych w
    plasterki
1 łyżka masła roztopionego
½ filiżanki kwaśnej śmietany
Sól i pieprz

Zagrzać piec do temperatury 450°.

1. Podgotować kartofle około 10 minut i odcedzić.
Odłożyć na bok.

2. Wypłukać, obrać z kości i posiekać śledzie i dodać do
kartofli.

3. Wysmarować naczynie ogniotrwałe masłem, posypać
mąką lub bułeczką tartą i ułożyć na niej kartofle i jajka
warstwami, zaczynając i kończąc na kartoflach.

4. Polać roztopionym masłem i śmietaną, lekko posypując
solą i pieprzem, do smaku. Piec w gorącym piecu (450°) przez
30 minut.

Jest to dobre danie na Wielki Post.

Wychodzi 4 do 5 porcji.

POTATO CASSEROLE WITH EGGS AND HERRING

4 cups potatoes, peeled and sliced
1 large or two medium matjes herrings
Butter and flour (or bread crumbs) for lining casserole
3 to 4 eggs, hard-boiled and sliced
1 tablespoon melted butter
½ cup sour cream
Salt and pepper

Preheat oven to 450°.

1. Parboil potatoes for about 10 minutes and drain. Set aside.

2. Rinse, bone and chop herring and combine with potatoes.

3. Butter a heavy casserole, dust with flour or bread crumbs and arrange potatoes and sliced eggs in layers, beginning and ending with a layer of potatoes.

4. Add the melted butter and sour cream, season lightly with salt and pepper and bake in a hot oven (450°) for 30 minutes.

This is an excellent Lenten dish.

Makes 4 to 5 servings.

LENIWE PIEROGI

1 łyżka masła
4 jajka, rozdzielone
1 funt suchego twarogu (może być ser farmerski)
2 łyżki mąki
Sól
Sos z masła i tartej bułki (przepis poniżej)

1. Rozmieszać razem masło i żółtka. Przepuścić ser przez sito.
2. Wymieszać razem masę z masła i żółtek, ser, mąkę i sól do smaku.
3. Wbić delikatnie białka ubite na sztywno.
4. Rozdzielić ciasto na dwie połowy i wytaczać obydwie połowy na desce posypanej mąką na długie cienkie kawałki. Spłaszczyć i ciąć na ukos na porcje około 2 cale długości.
5. Gotować w solonej wodzie około 10 do 15 minut, poczym dobrze odcedzić na durszlaku tak żeby cała woda z nich spłynęła.

Podawać z sosem z tartej bułki, który przyrządza się jak następuje:
2 łyżki masła
2 łyżki bułki tartej

Lekko przyrumienić masło na patelni. Dodać tartą bułkę i smażyć na średnim ogniu około 2 do 3 minut, aż się bułka zrobi koloru średniej grzanki.

Wychodzi 6 porcji.

LAZY DUMPLINGS

1 tablespoon butter
4 eggs, separated
1 pound dry pot cheese (may be farmer cheese)
2 tablespoons flour
Salt
Bread crumb sauce (recipe follows)

1. Cream butter and egg yolks. Press cheese through sieve.

2. Combine the butter and egg mixture with the cheese, flour and salt to taste. Mix all thoroughly.

3. Stiffly beat egg whites and fold in.

4. Divide the mixture into two parts and roll each half out on a floured board into a long, thin stick. Flatten and cut on the bias into pieces about 2 inches long.

5. Boil in salted water from 10 to 15 minutes. Take out with a perforated spoon and drain carefully.

Serve with bread crumb sauce, which is prepared as follows:
3 tablespoons butter
2 tablespoons bread crumbs.

Melt butter and brown lightly. Add bread crumbs and cook over medium heat for another 2 to 3 minutes, just long enough to let the crumbs brown to the color of medium toast.

Makes 6 servings.

Desery
Desserts

JABŁKA ZAPIEKANE W KREMIE

6 do 8 cierpkich jabłek, obranych i wydrążonych
Cukier do posypania jabłek po podgotowaniu, zależnie od ich
    słodkości.
3 do 4 łyżek konfitur (truskawkowych, morelowych, czy
    jakichkolwiek innych które się lubi)

Krem:
4 jajka, rozdzielone
4 łyżki cukru
2 łyżki bułki tartej
1 łyżeczka startej skórki z cytryny
Według uznania: Można również posypać przed samym
    pieczeniem 2 łyżkami siekanych migdałów i i 2 łyżkami
    cukru

1. Podgotować jabłka w odrobinie wody, uważając żeby
się nie rozpadły. Ułożyć w płytkim naczyniu ogniotrwałym,
posypać cukrem i napełnić środki konfiturami.
2. Rozmieszać żółtka z cukrem do białości, dodać bułkę
tartą i skórkę z cytryny i wymieszać.
3. Dodać sztywno ubite białka do masy i wylać ją na
jabłka. Posypać migdałami i cukrem (jeżeli się ich używa).
4. Piec na 350° aż się wierzch zbrązowi, około 20 do
25 minut).

Wychodzi 6 do 8 porcji.

APPLES BAKED IN WHIP

6 to 8 tart apples, pared and cored
A little sugar for sprinkling over apples after they are
    parboiled, depending on their sweetness
3 to 4 tablespoons jam (strawberry, apricot, whatever
    you like)

Whip:
4 eggs, separated
4 tablespoons sugar
2 tablespoons bread crumbs
1 teaspoon grated lemon rind
Optional: 2 tablespoons chopped almonds and
    2 tablespoons sugar for sprinkling over whip
    before baking

1. Parboil apples in a bit of water, being careful not to let
them fall apart. Arrange in shallow baking dish, sprinkle with
sugar and fill centers with jam.
2. Cream the egg yolks with sugar until light in color, add
the bread crumbs and lemon rind.
3. Fold in stiffly-beaten egg whites and spread the mixture
over the apples. Sprinkle with almonds and sugar, if using.
4. Bake in 350° oven until the top begins to brown (20 to
25 minutes).

Makes 6 to 8 servings.

LEGUMINA Z MAKU

1 filiżanka maku
6 jajek, rozdzielonych
½ filiżanki cukru
½ filiżanki migdałów, drobno pokrojonych
4 łyżki tartej bułki
Masło i tarta bułka do wyłożenia naczynia do pieczenia

1. Sparzyć i odcedzić mak, poczym zmielić.
2. Wymieszać żółtka z cukrem do białości i dodać do maku. Dodać migdały i bułkę tartą i dobrze wymieszać.
3. Delikatnie wbić sztywno ubite białka i wylać do ogniotrwałego naczynia wyłożonego masłem i tartą bułką.
4. Piec na 350° około 30 minut. Podawać z sosem jak poniżej

Chaudeau z Białego Wina:
5 żółtek
5 łyżek cukru
2 filiżanki białego wina

1. Ubić żółtka z cukrem do białości.
2. Gotować nad gorącą wodą w podwójnym garnku, powoli dodając wino i mieszając bezustannie trzepaczką. Sos jest gotowy gdy jest gęsty i spieniony.
3. Trzeba bardzo uważać żeby się sos nie przegotował i ściął. Jeśli sos ma być podany na gorąco, trzeba go przygotować bezpośrednio przed podaniem; jeśli na zimno, powinien być ostudzony w lodówce.

Wychodzi 5 do 6 porcji.

POPPY SEED PUFF

1 cup poppy seeds
6 eggs, separated
½ cup sugar
½ cup almonds, chopped fine
4 tablespoons bread crumbs
Butter and bread crumbs for lining baking dish

1. Blanch and drain poppy seeds and then grind.
2. Cream egg yolks and sugar until white and combine with poppy seeds. Add almonds and bread crumbs and mix thoroughly.
3. Fold in stiffly-beaten egg whites and pour into buttered pastry form lined with bread crumbs.
4. Bake in 350° oven for 30 minutes. Serve with White Wine Sauce, recipe follows.

White Wine Sauce:
5 egg yolks
5 tablespoons sugar
2 cups white wine

1. Beat egg yolks and sugar until very light.
2. Place over boiling water in double boiler and slowly add the wine, beating constantly with rotary beater. The sauce is done when it becomes thick and foamy.
3. Care must be taken not to overcook and curdle. If sauce is to be served hot, prepare directly before serving; otherwise, chill in refrigerator.

Makes 5 to 6 servings.

SERNIK KRAKOWSKI

Spód:
1½ filiżanek tartej bułki
½ filiżanki cukru
6 łyżek masła

Ser:
1½ funta tłustego białego sera
4 jajka, rozdzielone
¾ filiżanki słodkiej śmietanki
1 filiżanka cukru
⅓ filiżanki mąki
1 łyżeczka wanilji
Starta skórka z jednej pomarańczy
½ łyżeczki startej skórki z cytryny
1 łyżka soku z cytryny
1 filiżanka puree z kartofli

1. Wymieszać składniki spodu, wyłożyć na 9-cio calowe naczynie ze zdejmowanymi bokami i piec na 350° przez 8 minut.

2. Ubijać ser z żółtkami i częścią śmietanki w mieszarce. Dodać resztę śmietanki, cukier, mąkę, wanilję, skórki pomarańczy i cytryny wraż z sokiem. Ubijać dalej.

3. Dodać kartofle i sztywno ubite białka i wymieszać delikatnie. Wylać na spód przedtem upieczony.

4. Piec w piecu na 325° przez godzinę i 15 minut. Zgasić piec i zostawić w nim sernik przez dalszą godzinę z drzwiami na wpół otwartymi.

Wychodzi 20 porcji.

KRAKOW CHEESECAKE

Crust:
1½ cups bread crumbs
½ cup sugar
6 tablespoons butter

Cheese:
1½ pounds creamy cottage cheese
4 eggs, separated
¾ cup heavy cream
1 cup sugar
⅓ cup flour
1 teaspoon vanilla extract
Grated rind of 1 orange
½ teaspoon grated lemon rind
2 tablespoons lemon juice
1 cup mashed potatoes

1. Mix the ingredients of the crust. Spread over the bottom of a 9-inch spring pan. Bake at 350° for 8 minutes.

2. Beat the cheese with the egg yolks and half of the cream with a mixer. Add the rest of the cream, sugar, flour, vanilla, rinds and juice. Continue beating for a few minutes longer.

3. Add potatoes to the mixture. Fold in stiffly beaten egg whites. Pour over the crust in the pan.

4. Bake in a 325° oven for 1 hour and 15 minutes. Turn off the heat. Leave the cake in the oven with the door half open for another hour.

Makes 20 servings.

CHRUŚCIK

6 żółtek
6 łyżek cukru
1 filiżanka słodkiej śmietanki
2 łyżki rumu
2 filiżanki mąki (w przybliżeniu)
Tłuszcz jarzynowy do smażenia
Cukier puder do posypywania gotowych ciastek

1. Ubijać żółtka z cukrem do białości. Dodać śmietankę i rum i dosyć mąki żeby można było wywałkować ciasto bardzo cienko.

2. Rozdzielić na cztery części i pierwszą część wywałkować na cienką warstwę. Reszta powinna być trzymana pod przykryciem żeby nie wyschła.

3. Rozwałkowane ciasto kroić w paski około 1 cala szerokości i 5 cali długości. Przeciąć każdy kawałek wzdłuż około 1 cala i przeciągnąć jeden koniec kawałka przez dziurkę. Przygotować całe ciasto w ten sposób.

4. Smażyć w tłuszczu jarzynowym (takim jak Crisco lub Spry) aż ciastka nabiorą złotego koloru. Osuszyć na papierowych ręcznikach i posypać cukrem pudrem.

UWAGA: Kawałek surowego kartofla powinien być dodany do gorącego tłuszczu. W ten sposób, ciastka nie będą się przypalać.

Wychodzi duży półmisek ciastek.

KINDLING OR FAVORS

6 egg yolks
6 tablespoons sugar
1 cup sweet cream
2 tablespoons rum
2 cups flour (approximately)
Shortening for frying
Confectioners' sugar for sprinkling

1. Beat egg yolks and sugar until creamy white. Combine with cream and rum; then add enough flour so that dough can be rolled out very thin.

2. Divide into four parts. Roll one piece very thin on floured board, keeping the rest covered to prevent drying.

3. Cut into strips about 1 inch wide and 5 inches long. Cut a short lengthwise slit in the center of each strip and pass one end of the strip through the slit. Repeat until all of the dough is used up.

4. Fry in shortening (such as Crisco or Spry) until golden brown. Drain on paper towels and sprinkle with confectioners' sugar.

NOTE: A piece of raw potato should be placed into the hot fat to prevent pastry from burning.

Makes a large platter of cookies.

KNEDLE ZE ŚLIWEK

1 funt świeżych śliwek (t. zw. "węgierek", które można dostać
   na jesieni)
3 filiżanki mąki, plus odrobina do wysypania na deskę
Szczypta soli
½ kopertki suchych drożdzy
1 łyżeczka cukru
¾ filiżanki mleka, rozdzielonego na ½ i ¼
1 jajko
Cukier do posypania ugotowanych knedli
8 łyżek roztopionego masła
¼ filiżanki kwaśnej śmietany (według uznania)
½ filiżanki twarożku (według uznania)

    1. Umyć i wysuszyć śliwki, przekroić je na pół i wyjąć
pestki.
    2. Rozmieszać mąkę i sól w dużej misce. Zrobić małe
wgłębienie w mące i wsypać tam drożdze i cukier. Wymieszać
z odrobiną mąki.
    3. Powoli dodać ½ filiżanki mleka lekko podgotowanego.
Przykryć miskę wilgotnym ręcznikiem i zostawić na 20 minut,
lub do czasu gdy masa trochę wyrośnie.
    4. Dodać resztę mleka (¼ filiżanki) do drożdzy i mieszać
razem z mąką. Dodać jajko i mieszać dalej aż zrobi się gęsta
masa.
    5. Wyjąć ciasto na stół lub deskę wysypaną mąką. Szybko
i delikatnie miesić aż ciasto zbije się w kulę. Wtedy
wywałkować cienko (około ⅛ cala) i pociąć na kwadraty
rozmiaru 2 cale z każdej strony.

PLUM DUMPLINGS

1 pound fresh prune plums (which appear in the Fall)
3 cups flour, plus a little for flouring board
Pinch of salt
½ packet dry yeast
1 teaspoon sugar
¾ cup warm milk, divided
1 egg
Sugar for sprinkling over cooked dumplings
8 tablespoons melted butter
½ cup sour cream (optional)
½ cup farmer cheese (optional)

1. Wash and dry the plums, cut them in half and remove their pits.

2. Mix together the flour and salt in a large bowl. Make a well in the center and put in the yeast and sugar. Mix together the yeast, sugar and a little of the flour.

3. Slowly add ½ cup of the milk which has been warmed on the stove. Put a warm, damp cloth over the bowl and leave for about 20 minutes or until the yeast mixture has risen a little.

4. Add the remaining ¼ cup of milk into the yeast mixture and begin to stir in the remaining flour. Break the egg into the flour and keep mixing it until you have a thick paste.

5. Turn the dough out onto a floured board or table. Knead it very quickly and lightly, just enough to have it form a ball. Then, using a rolling pin, roll it out quite thin (about ⅛ of an inch). Cut the dough into squares with 2-inch sides.

6. Włożyć pół śliwki do każdego kwadrata ciasta i zaciskać brzegi palcami.

7. Mocno zagotować wodę w dużym garnku. Gotować po 12 knedli naraż. Gdy wypłyną na wierzch, gotować dalej 5 minut. Wyjmować knedle po jednym na sito i przekłuwać każdy widelcem żeby się z niego para ulotniła.

Podaje się knedle z cukrem, roztopionym masłem, białym serem lub kwaśną śmietaną.

Jeśli podaje się knedle na deser, wystarczy po 3 na osobę; można również podać 4 lub 5 na lekki posiłek.

6. Place half a plum in each square, wrap the dough around the plum, and seal the edges by pinching the sides together.

7. Bring a large pot of water to a rapid boil. Put about a dozen of the plums into the boiling water at a time. Once the dumplings have risen to the surface of the water, boil them for another 5 minutes. Put a sieve next to the pot and transfer the cooked dumplings into it, piercing each of them with a fork to release steam.

May be served with sugar, melted butter, farmer cheese, or sour cream.

If the dumplings are served as a dessert, 3 of them per person are ample; 4 or 5 of them can make a light meal.

TORT MARCEPANOWY

½ funta (2 batony) niesolonego masła
2 filiżanki cukru
8 żółtek ugotowanych na twardo
3 jajka, lekko ubite
4 filiżanki nieobranych migdałow, zmielonych
1 łyżeczka wanilji
2 łyżki mąki
Opłatek lub cienki biszkopt (który łatwo znaleźć w sklepach
  w polskiej dzielnicy) do wyłożenia naczynia do pieczenia.

  1. Mieszać masło aż zrobi się pieniste. Dodać cukier,
żółtka, jajka, i migdały i dobrze wymieszać. Dodać wanilję i
mąkę i wmieszać do ciasta. Oddzielić ¼ masy.
  2. Ułożyć opłatek (jeśli się ma, a jeśli nie to może być
papier woskowany) na dnie naczynia i wylać na to ¾ masy,
wygładzając od góry.
  3. Ukręcić resztę masy na długie cienkie paski i ułożyć je
na krzyż na torcie.
  4. Piec na 350° aż się ładnie przybrązowi, około 45 minut.
Ostudzić i lukrować jak następuje:
    1 filiżanka cukru
    ¼ filiżanki wody
    2 łyżki rumu (lub więcej, żeby lukier dał się
      smarować)

  1. Ugotować gęsty syrop z cukru i wody. Gotować do
czasu gdy będzie miał wygląd perlisty i ukażą się nici gdy się
podniesie łyżkę.

MARZIPAN TORTE

½ pound (2 sticks) unsalted butter
2 cups sugar
8 hard-boiled egg yolks
3 whole eggs, lightly beaten
4 cups unpeeled almonds, ground fine
1 teaspoon vanilla extract
2 tablespoons flour
Wafers (which can be bought in many shops in Polish
    neighborhoods) to fit baking pan

1. Cream butter until frothy. Add sugar, mashed egg yolks, whole raw eggs, and almonds, and stir thoroughly. Add vanilla and flour, and blend. Reserve ¼ of the mixture.

2. Place wafers (if available, if not use wax paper) at the bottom of the baking pan and pour in ¾ of the mixture. Smooth the top.

3. Roll the remainder of the mixture into long thin strips and arrange these criss-cross over the top of the torte.

4. Bake at 350° until nicely brown, about 45 minutes. Cool and ice as follows:

> 1 cup sugar
> ¼ cup water
> 2 tablespoons rum (or more, to make spreadable
>   icing)

1. Make thick syrup with sugar and water. Cook until it looks pearly and spins a thread.

2. Przelać do miski i mieszać w jedną stronę drewnianą łyżką (lub mieszać maszynką "blender" na wolnym tempie) dopóki syrop stanie się gęsty i biały i zacznie lepić się do łyżki.

3. Zostawić żeby lukier ostygł i stwardniał. Wtedy dodać do niego rum (lub też sok z cytryny albo pomarańczy) i mieszać aż konsystencja zrobi się łatwa to lukrowania. Wysmarować tort i poczekać aż lukier stanie przed krojeniem.

Wychodzi 8 do 10 porcji.

PIEROGI Z CZEREŚNIAMI, CZARNYMI JAGODAMI LUB JABŁKAMI

Ciasto:
3 filiżanki mąki
1 jajko
Szczypta soli
Około ½ filiżanki wody

1. Wymieszać mąkę z jajkiem, solą i tyle wody żeby osiągnąć gładkie, luźne ciasto.

2. Wywałkować bardzo cienko i wykrajać krążki o średnicy około 2 cali.

2. Pour into bowl and work in one direction with a wooden spoon (or use blender at low speed) until it becomes thick and white and the mixture coats the spoon.

3. Allow to cool and harden. Then dilute with rum (or lemon or orange juice, if you prefer) until it becomes easy to spread. Ice cake and allow to set before slicing.

Makes 8 to 10 servings.

PIEROGI WITH CHERRIES, BLUEBERRIES, OR APPLES

Dough:
3 cups flour
1 egg
Dash of salt
About ½ cup water

1.Combine the flour with the egg, a dash of salt, and as much water as needed to knead a smooth, loose dough that is easy to handle.
2. Roll until very thin. Cut out circles 2 inches in diameter.

Nadzienie:
1½ funtów czereśni, bez pestek
ALBO
1 kwarta czarnych jagód
ALBO
3 średnie jabłka, obrane i pokrojone na małe kawałki
2 łyżki bułki tartej

1. Wymieszać owoce z bułką tartą. Nakładać na krążki z ciasta. Składać na pół i zaklejać brzegi.
2. Gotować w dużym garnku w kipiącej wodzie aż wypłyną na wierzch. Wyjmować durszlakiem na zagrzany półmisek. Zalać sosem, jak następuje:

Sos:
1 łyżka masła, roztopionego
1 filiżanka kwaśnej śmietany
½ filiżanki cukru pudru

Wymieszać masło ze śmietaną i cukrem i zalać tym pierogi.

Wychodzi 5 porcji.

Filling:
1½ pounds cherries, pitted
OR
1 quart blueberries
OR
3 medium apples, peeled, cored, and cut up in small pieces
2 tablespoons bread crumbs

1.Mix the fruit with bread crumbs. Spoon over each dough circle. Fold over, sealing the edges.

2. Cook in a large kettle with boiling water until dumplings float. Remove with a slotted spoon to a warmed serving platter. Pour topping over dumplings, as follows:

Topping:
1 tablespoon butter, melted
1 cup sour cream
½ cup confectioners' sugar

Mix butter with sour cream and sugar and pour over pierogis

Makes 5 servings.

MUS CYTRYNOWY

3 jajka, rozdzielone
¾ filiżanki cukru
2 kopertki żelatyny
2 łyżki wody
Sok z jednej cytryny
2 łyżki sherry
1 filiżanka słodkiej śmietanki

1. Ubić żółtka z cukrem aż nabiorą jasnego koloru.
2. Rozpuścić żelatynę w wodzie i dodać do żółtek.
3. Wymieszać sok cytrynowy z sherry i dodać do masy z żółtek.
4. Ubić bardzo sztywną pianę z białek.
5. Osobno ubić śmietankę i delikatnie wmieszać białka i śmietankę do masy z żółtek.
6. Włożyć do salaterki lub indywidualnych kieliszków i wstawić do lodówki. Podawać bardzo zimne.

Wychodzi 4 do 5 porcji.

LEMON MOUSSE

3 eggs, separated
¾ cup sugar
2 envelopes plain gelatin
2 tablespoons water
Juice of 1 lemon
2 tablespoons sherry
1 cup heavy cream

1. Beat the egg yolks with sugar until light.
2. Dissolve gelatin in water and add to the egg yolks.
3. Mix lemon juice with the sherry and add to the egg yolk mixture.
4. Beat the egg whites until very stiff.
5. Separately, beat the cream and fold both gradually into the yolk mixture.
6. Chill in a bowl or individual glasses and serve very cold.

Makes 4 to 5 servings.

Tradycyjna Polska Wielkanoc
The Traditional Polish Easter

WIELKANOC

Tradycjami połączone z pogańskim dziękczynieniem z powodu nadchodzącej wiosny, obchody Wielkanocne zachowały charakter wielkiego świętowania w Polsce, jednocześnie nabierając znaczenia religijnego. Wszystko co pojawia się na stole musi być przedtem poświęcone przez Księdza Proboszcza.

Samym sercem stołu, przykrytego białym obrusem, jest tradycyjny baranek. W dawnych czasach, był to pieczony baranek, ale teraz przemienił się w baranka z cukru ubranego kwiatami i czerwoną chorągiewką. Koło baranka zawsze można znaleźć kosz z jajkami na twardo i bukiet hiacyntów. Stół ugina się pod ciężarem gotowanych i pieczonych szynek, indyka z nadziewaniem, różnych rodzajów polskich kiełbas, cielęciny, lub prosiaka pieczonego. Zgodnie z tradycją, są i kolorowo wymalowane jajka, sól i chleb (symbol gościnności). Po drugiej stronie stołu stoją wysokie wielkanocne babki srebrzące się słodkim lukrem, sernik z rodzynkami, i wiele rodzajów mazurków, pokrojonych w płaskie kwadraty. Wszystkie półmiski ozdobione są zielonym bukszpanem.

Przy dzwiach, każdy gość witany jest przez pana domu ćwiartką jajka na twardo. Dzieląc się jajkiem, gospodarz i gość wymieniają życzenia i powitania. W dzień Wielkanocy można odwiedzić każdego znajomego bez zaproszenia. Każdy kto ma dom ma dom otwarty.

Oto szereg przepisów wielkanocnych które można dzielić z rodziną.

EASTER LUNCHEON

Traditionally connected with pagan thanksgiving for the coming of the Spring, the Easter celebration has retained its character of great feasting in Poland. The Christian religious significance of the occasion is also important, as whatever appears on the table must be previously blessed by a priest.

The table, set all in white, has the traditional lamb as its centerpiece. In olden times, it was a roasted lamb, which eventually changed into a lamb made of sugar, now presented with a little red banner and sugar flowers at its feet. Next to the lamb stands a bowl of colored eggs and a bouquet of hyacinths. The table groans under platters of boiled and smoked hams, turkey with stuffing, various kinds of Polish sausage and roast veal or a suckling pig. In keeping with the ancient tradition, there are colorfully painted hard-boiled eggs, salt and bread. At the other end of the table there is a display of tall Easter babas silvery with sweet icing, a rich cheesecake with raisins, and endless varieties of thin squares of mazurkas. Each dish is garnished with green boxwood.

Upon entering the room, each guest in greeted by the host with a quartered hard-boiled egg. Sharing the egg, the host and guest express their good wishes and greetings. On Easter day you may visit any friend without an invitation. Everybody who has a house has an open house.

Here are some favorite Easter recipes to share with your family.

WIELKANOCNA SAŁATKA JARZYNOWA

4 średnie kartofle, ugotowane i pokrojone w kostkę
4 średnie buraki, ugotowane i pokrojone w kostkę
4 średnie marchewki, ugotowane i pokrojone w kostkę
1 filiżanka ugotowanych białych fasolek
1 filiżanka kiszonych ogórków, pokrojonych w kostkę
2 cierpkie jabłka, obrane i pokrojone w kostkę
1 średnia czerwona cebula, posiekana
4 łyżki oliwy
4 łyżki octu winnego
3 jajka na twardo, posiekane
1 filiżanka kwaśnej śmietany
½ filiżanki majonezu
3 łyżki świeżego kopru, posiekanego
Sól i pieprz
1 jajko na twardo pokrojone na części do ubrania półmiska
Kilka dekoracyjnie pokrojonych rzodkiewek do ubrania
    półmiska
*Można użyć innych jarzyn jeśli bardziej smakują niż te
    wymienione powyżej.

1. Ugotować wszystkie jarzyny osobno. Ochłodzić przed pomieszaniem jarzyn i jabłek.

2. Pokryć marynadą z oliwy i octu i zostawić na kilka godzin. Odlać płyn.

3. Włożyć jarzyny i jabłka do dużej salaterki, dodając jajka, śmietanę i majonez. Po wymieszaniu dodać koper i sól i pieprz, do smaku.

EASTER MIXED VEGETABLE SALAD

4 medium potatoes, cooked and cubed
4 medium beets, cooked and cubed
4 medium carrots, cooked and cubed
1 cup cooked white kidney beans
1 cup cooked peas
1 cup dill pickles, cubed
1 medium red onion, chopped fine
2 tart apples, peeled and cubed
4 tablespoons olive oil
4 tablespoons wine vinegar
3 hard-boiled eggs, chopped
1 cup sour cream
½ cup mayonnaise
3 tablespoons fresh chopped dill
Salt and pepper
1 hard-boiled egg for garnish
A few decorated radishes for garnish
*You may substitute other vegetables you like better than the
     ones listed here.

    1. Cook each the potatoes, beets, and carrots separately.
Cool before mixing these vegetables with the kidney beans,
peas, pickles, onion, and apples.
    2. Cover with a marinade of oil and vinegar and let stand
for 2 hours. Pour off liquid.
    3. Place the vegetables and apples into a large salad bowl,
adding the hard-boiled eggs, sour cream, and mayonnaise.
Add dill and salt and pepper to taste.

4. Ubrać półmisek kawałkami jajka i rzodkiewkami.

Wychodzi 12 do 15 porcji.

ĆWIKŁA

Ćwikłę podaje się zawsze na Wielkanoc jako dodatek do szynki, kiełbasy i jajek na twardo

3 filiżanki ugotowanych buraków, startych
1 łyżka świeżego chrzanu startego, lub 4 łyżeczki gotowego chrzanu
8 całe goździki
1 łyżeczka kminku
2 filiżanki octu
2 łyżki cukru brązowego
2 łyżeczki soli

1. Wymieszać rażem buraki, chrzan, goździki i kminek w misce.
2. Włożyć ocet, brązowy cukier i sól do małego garnuszka. Gotować przez 2 minuty.
3. Zalać buraki octem; przykryć; włożyć do lodówki na 24 godziny.

Wychodzi 6 filiżanek.

4. Garnish with hard-boiled egg sections and radishes.

Makes 12 to 15 servings.

BEET RELISH

This is always served at Easter as an accompaniment to ham, sausages and hard-boiled eggs.

3 cups cooked beets, grated
1 tablespoon fresh horseradish, or 4 teaspoons prepared horse-
    radish
8 whole cloves
1 teaspoon caraway seeds
2 cups vinegar
2 tablespoons brown sugar
2 teaspoons salt

1. Combine beets, horseradish, cloves and caraway seeds in a bowl.
2. Combine vinegar, brown sugar and salt in a small saucepan. Boil for 2 minutes.
3. Pour vinegar mixture over beet mixture; cover; refrigerate for 24 hours.

Makes 6 cups.

MAZUREK CYGAŃSKI

Wszystkie owoce i orzechy muszą być pokrojone na małe
    kawałki:
    Skórki pomarańczowe ugotowane z cukrem
    śliwki
    Morele
    Figi
    Daktyle
    Rodzynki
Orzechy (włoskie, laskowe, lub pecan)
12 jajek, rozdzielonych
1½ filiżanki cukru
1½ filiżanki mąki (ja używam mąki "Wondra", bo ona się
    łatwo miesza)
Opłatki do wyłożenia blachy (można również użyć papieru
    woskowego lub folji)

    1. Na 4½ do 5 funtów owoców i orzechów, trzeba użyć
12 ekstra-dużych jajek, rozdzielonych)
    2. Ubijać żółtka z cukrem do białości. Dodać do owoców w
jakims dużym naczyniu (ja używam starej wanienki po dziecku).
    3. Ubić białka na sztywno, i dodać do masy z żółtek i owoców.
    4. Na ostatek, dodać mąkę. (Dodawanie składników w tej
kolejności znacznie ułatwia wymieszanie mazurka)
    5. Wylać ciasto na blachę, wyłożoną opłatkiem lub folją.

    6. Piec na 350° przez godzinę lub więcej, aż się ciasto na
złoto zarumieni.

Z tego przepisu wychodzi 4 do 5 duźych, płaskich mazurków.
Zawinięte w folję, pozostają świeże przez wiele tygodni.

EASTER GYPSY CAKE

All fruits cut into small pieces:

> Candied orange peel
> Prunes
> Apricots
> Figs
> Dates
> Raisins

Nuts, such as walnuts, pecans, or hazelnuts, roughly chopped
12 eggs, separated
1½ cups sugar
1½ cups flour (Wondra is easiest to blend)
Wafers to line cookie sheet (optional)

1. For 4 ½ to 5 pounds of fruit and nuts, use 12 extra-large eggs, separated.

2. Beat yolks with sugar until light and fluffy. Add to fruit in a large receptacle of some kind (I use an old baby tub).

3. Whip egg whites until stiff, add to egg and fruit mixture.

4. Last, add flour. (Keeping this sequence makes things much easier to put together.)

5. Pour batter onto a cookie sheet, lined with thin wafers, buttered wax paper or foil.

6. Bake in a 325-degree oven for 60 minutes or more until golden brown.

This recipe yields 4 to 5 large, flat cakes. Wrapped in foil, they remain fresh for many weeks.

PASCHA

2 funty białego sera farmerskiego
5 żółtek
¾ funta cukru pudru
1 filiżanka słodkiej śmietanki
¼ funta migdałów, grubo pokrojonych
¼ funta żółtych rodzynek
1 filiżanka scukrowanej skórki pomarańczowej, pokrojonej na
   małe kawałki
2 łyżeczki wanilji
½ funta (2 batony) słodkiego miękkiego masła

1. Przepuścić ser przez sito lub młynek. Odstawić na bok.
2. Wymieszać żółtka z cukrem i ubić do białości. Dodać
śmietankę. Zagrzać tę masę, ale zdjąć z pieca zanim się
zagotuje. Dodać ser, migdały, skórkę pomarańczową, i
wanilję. Dodać masło, które przedtem było ubite. Dobrze
wymieszać.
3. Wyłożyć paschę na gazę lub czystą ścierkę i wyłożyć
na duże sito lub doniczkę (wpierw wyczyszczoną i osuszoną
w piecu). Położyć coś ciężkiego na paschę (może być duża
puszka z jedzeniem). Zostawić w chłodnym miejscu na kilka
dni żeby płyn wykapał na naczynie pod spodem.
4. Po zdjęciu gazy, ułożyć rękami na kształt piramidy i
ubrać migdałami, skórką pomarańczową, kolorowymi
cukierkami i zielonymi listkami.

Wychodzi 10 do 12 (bardzo sutych) porcji.

EASTER CHEESE DESSERT

2 pounds farmer cheese
5 egg yolks
¾ pounds confectioners' sugar
1 cup heavy cream
¼ pound almonds, coarsely chopped
¼ pound golden raisins
1 cup candied orange peel, cut into small pieces
2 teaspoons vanilla extract
½ pound (2 sticks) unsalted butter, room temperature

1. Strain cheese through sieve or food mill. Set aside.
2. Mix yolks with sugar until light. Add cream. Heat mixture, just short of bringing to a boil. Take off the stove, add cheese, almonds, raisins, orange peel, and vanilla. Add softened and whipped butter. Combine thoroughly.

3. Wrap mixture in cheesecloth, and place in colander or clean flower pot. Weigh down with heavy can and let run off in a cool place for a few days.

4. Mold into pyramid shape with your hands. Decorate with almonds, orange peel, gum drops and green leaves.

Makes 10 to 12 (very rich) servings.

MAZUREK KRÓLEWSKI

1 filiżanka miękkiego masła
1¼ filiżanka cukru
1½ filiżanki migdałów, obranych i zmielonych
1 łyżeczka wanilji
Utarta skórka z 1 pomarańczy lub cytryny
5 białek
1½ filiżanki mąki

1. Masło z cukrem dobrze wymieszać. Dodać migdały, wanilję, i skórkę pomarańczową lub cytrynową i mieszać dalej aż zrobi się jednolita masa.

2. Ubić białka na sztywno. Dodawać mąkę i ubite białka do masy z masła na przemian. Lekko wymieszać.

3. Wyłożyć na średnią blachę wysmarowaną masłem.

4. Piec na 350° około 40 minut.

5. Ochłodzić, poczym pokroić na małe kwadraty. Zdejmować z blachy nożem.

Wychodzi 48 kawałków.

ROYAL MAZURKA

1 cup softened butter
1¼ cups sugar
1½ cups almonds, peeled and ground
1 teaspoon vanilla extract
Grated rind of 1 orange or lemon
5 egg whites
1½ cups flour

1. Beat the butter with sugar thoroughly. Add the almonds, vanilla, and orange or lemon rind. Blend well.

2. Beat the egg whites until stiff. Fold in the flour and egg whites to the butter mixture a little at a time. Mix gently.

3. Spread over a buttered medium cookie sheet.

4. Bake in a 350-degree oven for about 40 minutes.

5. Cool. Cut into small squares and remove from the cookie sheet gently with a spatula.

Yields 48 squares.

MAZUREK CZEKOLADOWY

Ciasto:
⅔ filiżanki miękkiego masła
2¾ filiżanki mąki
⅔ filiżanki cukru pudru
2 łyżeczki proszku do pieczenia
1 jajko
1 żółtko
3 łyżki kwaśnej śmietany

1. Wkroić masło do mąki nożem i wyrobić palcami. Dodać cukier i proszek do pieczenia i wymieszać.
2. Dodać jajko, żółtko, i śmietanę i lekko zamiesić. Włożyć do lodówki pod przykryciem na 30 minut.
3. Wywałkować na cienko i wyłożyć na średnią blachę, rozpłaszczając palcami aż cała blacha będzie pokryta.
4. Piec na 375° przez 15 minut.

Masa na wierzch mazurka:
4 żółtka
1 łyżka mąki
1¼ filiżanek cukru
2 łyżki słodkiej śmietanki
8 uncji czekolady do pieczenia bez cukru (można kupić roztopioną już czekoladę, t.zw. pre-melted)
12 migdałów, obranych i posiekanych

1. Ubić żółtka z cukrem i śmietanką aż się zrobią puszyste, dodać mąkę.

CHOCOLATE MAZURKA

Dough:
⅔ cup softened butter
2¾ cups flour
⅔ cup confectioners' sugar
2 teaspoons baking powder
1 egg
1 egg yolk
3 tablespoons sour cream

1. Cut the butter into the flour and work in with fingertips. Add sugar and baking powder and incorporate.
2. Add the egg, egg yolk, and sour cream and knead the dough. Refrigerate in a covered dish for 30 minutes.
3. Roll out thin. Place in a medium cookie sheet. Spread the dough with fingers to cover sheet
4. Bake at 375° for 15 minutes.

Spread:
4 egg yolks
1 tablespoon flour
1¼ cups sugar
2 tablespoons heavy cream
8 ounces unsweetened baking chocolate (preferably the pre-melted kind)
¼ cup almonds, peeled and chopped

1. Beat the egg yolks with sugar and cream until fluffy, and add the flour.

2. Wymieszać roztopianą czekoladę z masą z żółtek, poczym dodać migdały. Wylać masę na trochę ochłodzony spód.

3. Włożyć ciasto do 300° pieca na 10 minut. Ochłodzić.

4. Pokroić na małe kwadraty i delikatnie zdejmować z blachy nożem.

*W Polsce często używa się białego opłatka zamiast ciasta na spód mazurków, ale ciasto wydaje się smaczniejsze.

Wychodzi 48 kawałków.

MAZUREK WILEŃSKI

Kruchy spód jak powyżej w przepisie na mazurek czekoladowy.

Masa na wierzch mazurka:
6 białek
3½ filiżanki cukru pudru
8 uncji roztopionej czekolady
1½ filiżanek zmielonych migdałów
1 filiżanka daktyli bez pestek, pokrojonych na małe kawałki

1. Ubić białka na sztywno, i powoli dodawać cukier, cały czas ubijając. Po dodaniu całego cukru, ubijać przez dalsze 5 minut.

2. Delikatnie dodać czekoladę, migdały, i daktyle. Wyłożyć na wcześniej upieczone ciasto.

3. Piec przez 20 minut na 350°. Ochłodzić.

2. Mix the pre-melted chocolate with the egg mixture and add the almonds. Spread over the slightly cooled cake. Return to the oven.

3. Bake at 300° for 10 minutes. Cool.

4. Cut into small squares. Remove from the sheet gently with a spatula.

*A white wafer is often used in Poland under mazurkas instead of dough, but the crispy dough is more tasty.

Makes 48 squares.

MAZURKA FROM WILNO

The dough to be used for the bottom of the mazurka can be the same as for the chocolate mazurka above.

Topping:
6 egg whites
3¾ cups confectioners' sugar
8 ounces pre-melted chocolate
1½ cups almonds, ground
1 cup dates, pitted and sliced thin

1. Beat the egg whites until stiff. Add the sugar gradually, beating constantly. Beat 5 more minutes.

2. Fold in the chocolate, almonds, and dates. Spread over the pre-baked bottom layer of dough.

3. Bake 20 minutes at 350°. Cool.

Lukier:
2 filiżanki cukru pudru
3 łyżki rumu

1. Wymieszać cukier z rumem i wysmarować nim mazurek.
2. Pokroić na blasze na małe kwadraty i delikatnie zdejmować nożem na półmisek.

Wychodzi 48 kawałków.

BABKA WIELKANOCNA

1 filiżanka mleka
3 filiżanki mąki, rozdzielone
2 kawałki drożdzy lub 2 kopertki suchych drożdzy
4 łyżki mleka (osobno)
12 żółtek
¾ filiżanki cukru
½ filiżanki miękkiego masła
1 łyżeczka wanilji
½ łyżeczki esencji migdałowej
Szczypta soli
1 filiżanka rodzynek, duszonych trochę z rumem
1 filiżanka migdałów, obranych i zmielonych
½ filiżanki scukrowanych skórek pomarańczowych,
    pokrojonych na drobne paseczki
1 łyżka startej skórki cytryny
Lukier (przepis poniżej)

Icing:
2 cups confectioners' sugar
3 tablespoons rum

1.Combine the sugar with the rum until pasty, and spread over the mazurka.

2. Cut into small squares and take them off the cookie sheet gently with a spatula.

Makes 48 squares.

EASTER BABKA

1 cup milk
3 cups flour, divided
2 yeast cakes or 2 envelopes dry yeast
4 tablespoons milk
12 egg yolks
¾ cup sugar
½ cup butter, softened
1 teaspoon vanilla
½ teaspoon almond extract
Dash of salt
1 cup raisins, steamed in a little rum
1 cup almonds, peeled and ground
½ cup candied orange peel, cut in small strips
1 tablespoon grated lemon rind
Icing (recipe follows)

1. Sparzyć mleko. Dodać do niego 1 filiżankę mąki i ostudzić.

2. Rozpuścić drożdze w 4 łyżkach mleka. Dodać do masy z mleka i mąki i ubijać razem. Dać wyrosnąć podwójnie.

3. Ubić żółtka z cukrem do białości i lekko wbić do ciasta. Dodać resztę mąki i miesić aż ciasto zrobi się elastyczne.

4. Dodać do ciasta miękkie masło i dalej miesić. Dodać wanilję, esencję migdałową, sól, rodzynki, migdały, skórkę z pomarańczy, i startą skórkę z cytryny.

5. Uderzać ciasto żeby opadło i znowu postawić na rośnięcie. Potem znów uderzyć i wyłożyć na dwie formy rodzaju "bundt" lub podobne. Znowu odstawić żeby urosło przez godzinę.

6. Piec na 350° przez godzinę. Ochłodzić i lukrować jak poniżej:

Lukier:
1 filiżanka cukru
½ filiżanki wody
4 łyżki rumu lub koniaku

1. Gotować wodę z cukrem do czasu gdy wytworzy się gęsty syrop który zmienia się w nitkę gdy go się podnosi łyżką. Dodać rum lub koniak.

2. Przelać do miski i mieszać w jednym kierunku aż zmieni się w rodzaj pasty.

3. Lukrować tym babkę i postawić w zimnym miejscu.

Wychodzi 16 kawałków.

1. Scald the milk. Combine 1 cup flour with the milk and cool.

2. Dissolve yeast in the 4 tablespoons milk. Add to the milk and flour and beat together. Let it rise until double in bulk.

3. Beat egg yolks with sugar until fluffy and fold into the dough. Add remaining flour and knead until elastic.

4. Add softened butter and continue kneading. Add vanilla, almond extract, salt, raisins, almonds, orange peel, and lemon rind.

5. Punch down and let rise. Punch down again and place in two greased flute tube pans or bundt pans. Let them rise for 1 hour.

6. Bake in 350° oven for 1 hour. Cool and spread with icing as follows:

Icing:
1 cup sugar
½ cup water
4 tablespoons rum or brandy

1. Cook sugar and water until a thick syrup forms and until it spins a thread when lifted on a spoon. Add rum or brandy.

2. Pour into a bowl and stir in one direction until its consistency becomes like a paste.

3. Spread on babkas and chill.

Makes about 16 portions.

MAZUREK MIGDAŁOWY

Spód:
1¼ filiżanek mąki
1 łyżeczka proszku do pieczeńia
5 łyżek cukru
½ filiżanki miękkiego masła
1 jajko, lekko ubite

1. Zagrzać piec na 350°.
2. Przesiać razem mąkę, proszek do pieczenia, i cukier do miski. Wymieszać z tym masło i jajko widelcem tak żeby cała mąka zrobiła się wilgotna.
3. Równo ułożyć na blasze 8x8 cali, wysmarowanej tłuszczem. Przykryć ręcznikiem i zostawić w chłodnym miejscu na 30 minut.

Migdałowa Masa:
½ filiżanki miękkiego masła
½ filiżanki cukru
1 filiżanka migdałów, dobrze zmielonych
½ łyżeczki esencji migdałowej
2 jajka

1. W dużej misce wymieszać masło, cukier, migdały, esencję migdałową i jajka do białości. Równo ułożyć na przygotowanym spodzie.
2. Piec na 350° przez 45 do 60 minut, do czasu gdy ciasto nabierze złotego koloru i masa trochę stwardnieje. Ostudzić przez godzinę.

ALMOND MAZURKA

Pastry:
1¼ cups flour
1 teaspoon baking powder
5 tablespoons sugar
½ cup butter, softened
1 egg, slightly beaten

1. Preheat oven to 350°.
2. Sift flour, baking powder and sugar into a bowl. Mix in butter and egg with a fork until the flour mixture is all moistened.
3. Press evenly into a greased 8-inch square cake pan. Cover with a cloth and chill for 30 minutes.

Almond Topping:
½ cup butter, softened
½ cup sugar
1 cup almonds, finely ground
½ teaspoon almond extract
2 eggs

1. In large bowl of mixer, combine the butter, sugar, almonds, almond extract and eggs; beat until light colored.

2. Spread evenly onto chilled pastry. Bake at 350° for 45 to 60 minutes, or until pastry is golden and topping is set. Cool for 60 minutes.

Masa:
½ filiżanki konfitur malinowych
scukrowane wiśnie do dekoracji

Lukier Cytrynowy:
4 łyżki cukru pudru
Dosyć soku cytrynowego żeby wymieszać na masę z cukrem
    która da się smarować

3. Na ostudzony mazurek nałożyc: ½ filiżanki konfitur z
malin i kilka scukrowanych wiśni dla dekoracji.
4. Potem na konfitury pokropić jeszcze lukier cytrynowy,
składający się z: 4 łyżek cukru pudru i tyle soku z cytryny
żeby wyszedł z tego dość płynny lukier.
5. Pokroić na małe kwadraty.

Wychodzi 25 kawałków.

MAZUREK KRUCHY Z JABŁKAMI

Ciasto:
½ funta (2 batony) niesolonego masła
2 filiżanki sparzonych, obranych i zmielonych migdałów
1 filiżanka cukru
4 jajka, lekko ubite
2 filiżanki mąki

Topping:
½ cup raspberry jam
candied cherries for garnish

Lemon Icing:
4 tablespoons confectioners' sugar
Lemon juice, enough to form a paste with sugar

3. Top mazurka with ½ cup of raspberry jam and decorate with candied cherries.

4. Combine sugar with enough lemon juice to make a thin icing. Drizzle over jam.

5. Cut into squares.

Makes 25 squares.

APPLE MAZURKA IN SHORT SHELL

Dough:
½ pound (2 sticks) unsalted butter
2 cups blanched, peeled almonds, ground
1 cup sugar
4 eggs, lightly beaten
2 cups flour

1. Utrzeć masło i dodać migdały, cukier, jajka i mąkę, i wymieszać wszystko rażem dokładnie.

2. Wywałkować ciasto na grubość ¼ cala i nałożyć na blachę wysmarowaną tłuszczem. Piec na 350° aż się ciasto zarumieni (około 15 minut). Trochę ochłodzić.

Jabłka:
1 filiżanka cukru
¼ filiżanki wody
12 do 13 cierpkich jabłek (takich jak Granny Smith),
    obranych, i cieńko pokrojonych
2 łyżeczki startej skórki z cytryny lub pomarańczy

1. Ugotować gęsty syrop z cukru i wody w dużej patelni, i gotować go przez 5 minut.

2. Dodać jabłka i skórkę cytrynową i dusić na małym ogniu aż się jabłka zrobią przeźroczyste i miękkie, mieszając często żeby się nie przypaliły. (Jeśli zajdzie potrzeba, można dodać trochę wody.) Gdy masa z jabłek zacznie odchodzić od brzegów patelni, zdjąć z ognia i trochę ochłodzić.

3. Ułożyć masę z jabłek na upieczonym spodzie i znów poczekać aż ostygnie przed pokrojeniem.

4. Pokroić na małe kwadraty

Wychodzi około 30 kawałków.

1. Cream the butter, combine with almonds, sugar, eggs and flour, and work until thoroughly blended.

2. Roll out ¼-inch thick and bake in a greased cookie sheet at 350° until nicely brown (about 15 minutes). Cool.

Topping:

1 cup sugar

¼ cup water

12 to 15 tart apples (such as Granny Smith) peeled, cored and sliced thin

2 teaspoons grated lemon or orange rind

1. Make a thick syrup with sugar and water, and cook for 5 minutes.

2. Add apples and lemon rind, and simmer until they are transparent and fall apart, stirring to prevent burning. (If too thick, add a little more water.) When the apple mixture begins to separate from the edges of the pan, allow to cool somewhat.

3. Spread over the baked layer of cake and allow to cool again before cutting.

4. Cut into small squares.

Makes about 30 pieces.

Tradycyjne Polskie Boże Narodzenie
The Traditional Polish Christmas

WIGILIA

Dzień wigilji jest to najbardziej uroczysty i odświętny dzień całego roku, pełen starodawnych wierzeń i symboli. Mimo pewnych regionalnych różnic w obrządkach i daniach podawanych tego dnia, podstawowe tradycje są bardzo podobne wszędzie gdzie Polacy obchodzą dzień Wigilji. Podczas przygotowań do Wigilji panuje atmosfera oczekiwania i podniecenia. Panie gotują i pieką, a reszta domowników próbuje i doradza. Zabawki na choinkę domowej roboty są robione ze słomy, bibułki, lub skorupek od jajek, przy dużym wkładzie imaginacji. Jadalne ozdoby, cukierki, ciasteczka, orzechy i jabłka również są wieszane na choince, która jest ubierana przez dorosłych członków rodziny i starsze dzieci 24-go grudnia, lecz ogląda się ją w pełnej krasie dopiero po wieczerzy Wigilijnej, która zaczyna się gdy dzieci wypatrzą pierwszą gwiazdkę na niebie.

Jako przypomnienie że Pan Jezus leżał w żłobie, kładzie się trochę siana na stole pod białym obrusem, symbolem pokoju. Po posiłku, każdy wyciąga kawałek siana z pod obrusa. Długi kawałek oznacza szczęście i długie życie, a krótki odwrotnie. Dla rolnika, długi kawałek siana wróży dobre plony, a dla młodej panny czas jej zaręczyn.

W przeszłości, podawano dwanaście dań na pamiątkę dwunastu apostołów. Dziś nie wszyscy trzymają się tego obyczaju. Mak jest zawsze podawany jako symbol spokojnego snu, i miód jako symbol słodyczy i zadowolenia z życia.

CHRISTMAS EVE DINNER

Christmas Eve is the most formal and festive day of the year. The evening meal, called "Wigilia," is steeped in tradition, myth and symbolism dating back many, many years. Despite regional differences in custom and food, the basic traditions are very much alike.

As the household prepares for Wigilia, there is an atmosphere of excitement and expectation. While the women cook and bake, the rest of the family contributes by sampling and tasting. Hung on the home-made Christmas tree you will find decorations fashioned from straw, tissue paper and egg shells, together with edible Christmas goodies such as candy, cookies, nuts, dried fruit and apples. The tree is decorated on December 24th and is not seen in its full glory until after the Wigilia dinner, which begins only after the first star appears in the sky.

Because Christ was born in a manger, some hay is strewn on the Wigilia dinner table, with a white cloth over it, symbolizing peace. At the end of the meal, each person draws a straw from under the tablecloth. A long straw means good luck and a long life, and a short one the opposite. For a farmer, the long straw will bring a good harvest, for a young girl, the date of her betrothal.

Twelve dishes were usually served in honor of the twelve apostles. This custom is not always followed any more, but poppy seeds are generally served as a symbol of peaceful sleep, and honey for sweetness and contentment.

Według starej tradycji, powinno się zapraszać na Wigilję nie tylko tych których się lubi, ale raczej tych którzy są samotni, nieszczęśliwi, lub chorzy. W przeszłości w wielkich majątkach w Polsce, był to jedyny posiłek do którego pan domu i służba zasiadali razem.

Istnieje również zwyczaj nakrywania jednego dodatkowego miejsca przy stole dla samotnego podróżnika, który przypadkiem zapuka do drzwi tego wieczoru, lub też dla bliskich którzy są daleko ale mogą zechcieć dołączyć się do swych rodzin. Wymienić trzeba jeszcze jeden ważny obrządek. Zanim się usiądzie do Wigilji, głowa rodziny rozdziela opłatek, który jest symbolem miłości, przyjaźni i dobrej woli. Najstarszy członek rodziny zaczyna tradycyjne przełamywanie się opłatkiem i wzajemne składanie życzeń. Jest to moment bardzo uroczysty i wszyscy wymieniają uściski rąk i pocałunki.

Tradycyjną zupą wigilijną jest barszcz z uszkami grzybowymi lub zupa grzybowa. Podaje się również wiele potraw z ryb, na przykład śledzia w śmietanie, karpia w szarym sosie i szczupaka faszerowanego. Gołąbki postne, duszona kapusta z grzybami i serem, i pierogi z kapustą lub śliwkami są również podawane w niektórych domach.

Desery wigilijne są zależne od rejonu kraju. Może być kompot z suszonych owoców, wraz z różnymi deserami z maku: "Kutia" jest podawana we wschodniej Polsce, łamańce z makiem w rejonie Warszawy, a łazanki z makiem na zachodzie. Podaje się także wiele ciast. Najbardziej popularne są ciasteczka migdałowe, makowce i pierniki.

Tradition requires one to invite to the Wigilia supper not only friends and family, but also those who are alone, unhappy, or sick. In the past, it was the only meal of the year shared by the servants with their master and his family. It is customary to set an extra place at the table for the lonely traveler who may knock on the door that night, or for the loved ones who are far away.

Still another important ceremony must be mentioned. Before sitting down to dinner, the head of the family first divides the special holy wafer called "opłatek," which is the symbol of love, friendship and good will. The oldest member of the family begins the traditional breaking of the wafer, sharing it with each family member and guest. It is a most festive moment, as everyone exchanges handshakes and hugs.

The traditional soup for the Wigilia meal is beet soup with mushroom dumplings or dried mushroom soup. Fish dishes are always predominant, the most common of which are herring in sour cream, carp in gray sauce and stuffed pike. Meatless cabbage rolls, stewed cabbage with mushrooms and cheese, cabbage or prune pierogi are also served in some families.

Desserts vary according to region. Dried fruit compote can be served, or any of the poppy seed desserts: "kutia" in eastern Poland, "lamance z makiem" in the Warsaw region or poppy seeds with noodles in the west. A variety of cakes and cookies is also served, the most popular being almond cookies, poppy seed roll and honey cake.

GALARETA Z RYBY

Składniki do rosołu:
2 średnie cebule
3 średnie marchewki
1 łodyga porów
1 korzeń pietruszki
1 korzeń selera
2 łodygi selera
Kilka gałązek pietruszki lub kopru
6 ziaren pieprzu
Sól, do smaku
1 cała ryba, 3 do 4 funtów, szczupak, karp, lub okoń
2 białka i skorupki od jajek
1 filiżanka białego wina
Sok z ½ cytryny
2 kopertki żelatyny (na 4 filiżanki płynu)
2 jajka na twardo, pokrajane w plastry
1 cała cytryna, obrana i pokrojona ozdobnie
Sól i pieprz, do smaku

Składniki do garnirowania:
Liście sałaty
2 lub 3 jajka na twardo, pokrojone w plastry
6 ugotowanych krewetek
Kilka gałązek pietruszki lub kopru

1. Pokrajać wszystkie jarzyny, pierwsze 6 składników, i pokryć wodą. Dodać pietruszkę, pieprz i sól. Gotować rosół na średnim ogniu do czasu gdy jarzyny zmiękną.

FISH ASPIC

Ingredients for broth:
2 medium onions
3 medium carrots
1 leek
1 parsley root
1 celery root
2 stalks celery
A few sprigs parsley
6 peppercorns
Salt, to taste
1 whole pike, perch, or carp (3 to 4 pounds)
2 egg whites, and egg shells
1 cup white wine
Juice of ½ lemon
2 envelopes gelatin for 4 cups liquid
2 hard-boiled eggs, sliced
1 whole lemon, peeled and sliced in a decorative way
Salt and pepper, to taste

Ingredients for garnish:
Lettuce leaves
2 to 3 hard-boiled eggs, sliced
6 cooked shrimp
Sprigs of parsley or dill

1. Slice up all the vegetables (first 6 ingredients). Cover with water. Add parsley sprigs, peppercorns and salt. Cook the broth over medium heat until vegetables are tender.

2. Dodać rybę, oczyszczoną i rozpłataną, odcinając (lecz zachowując) głowę. Bardzo powoli gotować w rosole, pod przykryciem, aż się ryba zrobi miękka (około 20 minut). Wyjąć rybę z rosołu i odcedzić.

3. Włożyć głowę ryby do rosołu i gotować dalej aż rosół zgęstnieje. Wtedy dodać lekko ubite białka i skorupki (to oczyści rosół). Dodać sok z cytryny. Raz zagotować, a potem studzić przez 30 minut.

4. Przepuścić rosół przez sitko lub gazę, zachowując marchewki. Dodać rozpuszczoną żelatynę do rosołu.

5. Wyłożyć formę plastrami jajka na twardo, kawałkami cytryny i marchewką wyjętą z rosołu. Położyć na tym rybę, zalać resztą rosołu i włożyć do lodówki.

*Jeśli zostanie trochę rosołu, można go zabarwić sokiem z buraków, ochłodzić osobno i ubrać nim półmisek. Rybę ułożyć na liściach sałaty, obłożoną jajkiem na twardo, krewetkami i pietruszką lub koprem.

Podawać z Sosem Tatarskim lub oliwą i octem.

Wychodzi 6 do 8 porcji.

2. Add the fish, cleaned and split, with the head cut off (reserve the head). Simmer very slowly in the broth, covered, until fish is done (about 20 minutes). Remove fish from the broth and drain.

3. Place fish head into broth and continue cooking until the broth thickens. Then add slightly beaten egg whites and shells (to clarify liquid). Add lemon juice. Bring to a boil once and let cool for about 30 minutes.

4.Strain broth through cheesecloth or sieve, reserving the carrot. Add dissolved gelatin to cooled strained liquid.

5. Line mold with slices of hard-boiled egg, peeled lemon slices and carrot from the broth. Arrange the fish on top of these, fill mold with broth, and chill.

*If there is any leftover broth, this may be colored with beet juice or food coloring, chilled separately, and used for garnish, along with a bed of salad leaves, slices of hard-boiled egg, cooked shrimp and parsley or dill.

Serve with Tartar Sauce or oil and vinegar.

Makes 6 to 8 servings.

ŚLEDZIE MARYNOWANE

3 całe solone śledzie
2 duże cebule, pokrojone w plasterki
1 filiżanka octu
4 ziarna pieprzu
4 ziarna indyjskiej przyprawy
1 łyżeczka cukru

1. Moczyć śledzie w zimnej wodzie przez 24 godziny. Zmieniać wodę co 8 godzin. Zachować ikrę ze śledzi.

2. Obrać śledzie ze skóry i pokroić każdego na 4 części.
3. Ułożyć cebule na dnie głębokiej salaterki i pokryć śledziem.
4. Zagotować ocet z pieprzem, indyjską przyprawą i cukrem i ostudzić. Przepuścić ikrę przez sito, dodać do octu i zalać śledzie płynem.

Wychodzi 5 do 6 porcji.

PICKLED HERRING

3 whole salt herrings
2 large onions, sliced
1 cup vinegar
4 peppercorns
4 whole allspice
1 teaspoon sugar

1. Soak herrings in cold water for at least 24 hours. Change water every 8 hours or so. Save the milch from the herrings.

2. Skin, remove bones and cut each herring into 4 pieces.

3. Line the bottom of a deep platter with the onions. Arrange herrings on top of the onions.

4. Boil the vinegar with the peppercorns, allspice, and sugar and cool. Rub milch through a fine sieve, mix with the vinegar mixture and pour over the herrings.

Makes 5 to 6 servings.

ZUPA GRZYBOWA
(ulubiona zupa światowej sławy śpiewaka Jana Kiepury)

⅔ filiżanki grzybów suszonych
8 filiżanek rosołu jarzynowego
6 łyżek masła (rozdzielonego na dwie części—2 i 4)
1 cebula, posiekana
½ funta świeżych grzybów, posiekanych
5 łyżek mąki
Sól i pieprz, do smaku
6 łyżek kwaśnej śmietany
2 łyżki świerżych koperku, posiekanego

1. Zalać suche grzyby gotującą się wodą do pokrycia i zostawić na kilka minut aż zmiękną. Wyjąć z wody i dobrze wypłukać, poczym gotować w rosole aż będą miękkie. Wtedy wyłowić je z rosołu, posiekać, i spowrotem dodać do zupy.

2. Dusić świeże grzyby z cebulą w 2 łyżkach masła i dodać je również do rosołu.

3. Roztopić resztę masła (4 łyżki) w małym garnuszku i dodać mąki, ale nie zarumieniać. Dodać parę łyżek rosołu, wymieszać, i dodać do zupy. Dodać sól i pieprz.

4. Przed sąmym wydaniem, dodać śmietanę, wymieszać, i posypać zupę koprem.

Podawać z łazankami lub z uszkami (przepis na uszka poniżej, pod przepisem na barszcz wigilijny).

Wychodzi 8 porcji.

MUSHROOM SOUP
(a favorite of Polish opera star Jan Kiepura)

⅔ cup dried mushrooms
2 quarts (8 cups) vegetable stock
6 tablespoons butter, divided into 2 and 4 tablespoons
1 onion, chopped
½ pound fresh mushrooms, chopped
5 tablespoons flour
Salt and pepper, to taste
6 tablespoons sour cream
2 teaspoons chopped fresh dill

1. Pour boiling water over dried mushrooms to cover and let stand for a few minutes to soften. Remove and rinse well, then boil in the stock until tender; remove when done, chop and return to the stock.

2. Melt 2 tablespoons of the butter in a frying pan, and sauté the onion and fresh mushrooms in it until lightly golden. Add to the stock.

3. Melt the remaining butter (4 tablespoons) in a small saucepan and stir in the flour, without browning. Add a few tablespoons of hot stock and stir until smooth and then add to the soup. Season with salt and pepper.

4. Just before serving, stir in the sour cream and sprinkle with dill.

May be served with small flat noodles or dumplings (recipe for dumplings next, after recipe for Christmas Eve Barszcz).

Makes 8 servings.

WIGILIJNY BARSZCZ

8 czerwonych buraków, obranych
1 cebula, pokrojona
1 łodyga selerów, pokrojona
1 duża marchew, pokrojona
2 litry (8 filiżanek) wody
1 łyżeczka octu
Sól i pieprz, do smaku

1. W dużym garnku, pokryć jarzyny wodą. Dodać ocet.
Gotować około 60 minut na średnim ogniu dopóki nie zrobią
się miękkie.
2. Dodać sól i pieprz i więcej octu dla smaku jesli
potrzeba.
3. Przecedzić płyn przez sito pokryte białym materiałem
lub gazą żeby osiągnąć czysty czerwony kolor.

Podawać z uszkami, na które przepis poniżej:

Wychodzi 8 porcji.

USZKA
Ciasto:
2 filiżanki mąki
1 jajko
2 łyżki oliwy jarzynowej

CHRISTMAS EVE BARSZCZ

8 red beets, peeled and thinly sliced
1 onion, sliced
1 stalk celery, sliced
1 large carrot, sliced
2 quarts (8 cups) water
1 teaspoon vinegar
Salt and pepper, to taste

1. In a large saucepan, cover the vegetables with water. Add the vinegar. Cook for about 60 minutes over medium heat until the beets are tender.

2. Add salt and pepper and more vinegar for flavor, if desired.

3. Strain the mixture through a sieve covered with a white cloth or cheesecloth to obtain a clear, red liquid.

Serve with dumplings (recipe follows).

Makes 8 servings.

CHRISTMAS DUMPLINGS FOR SOUP
Dough:
2 cups flour
1 egg
2 tablespoons vegetable oil

Nadziewanie z grzybów:
2 uncje suszonych grzybów
½ funta świeżych grzybów
1 średnia cebula, drobno posiekana
1 łyżka masła lub oliwy
2 łyżki tartej bułki
1 łyżka wody
Sól i pieprz, do smaku

    1. Wymieszać mąkę, jajko i oliwę. Lekko wymiesić. Przykryć i włożyć do lodówki podczas przygotowania nadzienia.

    2. Rozwałkować ciasto bardzo cienko i pokroić w kwadraty wielkości 1 do 2 cali. Ułożyć łyżeczki nadzienia na każdym kwadracie. Uszczypnąć brzegi razem i uformować trójkąt. Na koniec połączyć dwa brzegi razem, formując coś w rodzaju pierścionka.

    3. Wrzucać do mocno gotującej się wody i gotować około 5 minut, aż uszka nie wypłyną na wierzch. Wyłowić z wody i lekko wymaczać w roztopionym maśle. Do podania, włożyć 2 lub 3 uszka do talerza i zalać barszczem.

Nadzienie:
    1. Wymoczyć suszone grzyby w filiżance wody przez 30 minut. Wyjąć z wody i dobrze wypłukać. Dodać znów gotującej się wody do pokrycia i dusić na wolnym ogniu około 60 minut do miękkości. Wtenczas zmielić razem ze świeżymi grzybami.

    2. Usmażyć cebulę w maśle lub oliwie do miękkości i dodać do niej grzyby. Gotować dalej razem aż będą miękkie.

    3. Dodać tartą bułkę, wodę i sól i pieprz do masy i gotować dalsze 5 minut. Ostudzić przed użyciem.

Mushroom Filling:
2 ounces dried mushrooms
½ pound fresh mushrooms
1 medium onion, minced
1 tablespoon vegetable oil, or butter
2 tablespoons bread crumbs
1 tablespoon water
Salt and pepper, to taste

1. Mix the flour, egg and oil. Knead slightly. Cover and refrigerate while preparing filling (see instructions below).

2. Roll dough out very thin. Cut into 1½-inch or 2-inch squares. Place ½ teaspoon of filling on each square. Pinch edges together to form a triangle. Then pinch two corners of the triangle together to form a "ring."

3. Drop into rapidly boiling salted water. Cook for about 5 minutes, or until the dumplings float to the surface. Toss lightly with melted butter. To serve, place 2 or 3 in a bowl and pour the hot soup over them.

To prepare the filling:
1. Soak the dried mushrooms in ½ cup hot water for 30 minutes. Remove and wash thoroughly. Add boiling water to cover and simmer for 60 minutes or until fork-tender. Then grind together with the fresh mushrooms.

2. Fry the onion in hot oil (or butter) until tender and then add the mushrooms and sauté until tender. Add the bread crumbs, water, salt and pepper and sauté 5 minutes longer.
3. Cool the mixture before filling the dumplings.

SZCZUPAK PO POLSKU Z JAJKAMI

3 do 4-funtowy szczupak
3 filiżanki włoszczyzny (cebula, selery, marchewka,
    pasternak) pokrojonej w kostkę
1 liść bobkowy
3 ziarna pieprzu
Sól, do smaku
1 baton (¼ funta) masła
3 jaja na twardo, posiekane
Kilka gałązek pietruszki i plasterki cytryny,
    dla upiększenia półmiska

1. Umyć, osuszyć i posolić szczupaka na parę godzin
przed gotowaniem i włożyć do lodówki.
2. Gotować jarzyny, z liściem bobkowym, pieprzem i solą
w 4 filiżankach wody około 20 minut. Przecedzić.

3. Zalać rybę przecedzonym rosołem i gotować na małym
ogniu około 30 minut. Sprawdzać czy ryba jest już miękka.
Odstawić na bok i przygotować następujący sos:
    Roztopić masło do jasno złotego koloru. Dodać posiekane
jaja i posolić i popieprzyć. Gotować przez minutę lub dwie, aż
masło przesiąknie do wszystkich jajek. Zalać szczupaka
sosem na półmisku i ubrać pietruszką i plasterkami cytryny.

Wychodzi 6 porcji.

PIKE WITH HARD-BOILED EGG SAUCE

3 to 4-pound pike
3 cups soup greens (onions, celery, carrot, and
    parsley root, cubed)
1 bay leaf
3 peppercorns
Salt, to taste
1 stick butter
3 hard-boiled eggs, chopped
A few sprigs of parsley, and lemon slices,
    for garnish

1. Wash, drain and salt the pike ahead of time, keep in cool place.

2. Boil the soup greens, bay leaf, peppercorns, and salt and pepper in about 4 cups of water for about 20 minutes. Strain.

3. Pour strained stock over the fish and cook over low heat for about 30 minutes. Test for doneness. Set fish aside and prepare the following sauce:

Melt butter to a light, golden brown. Add the chopped eggs and season to taste. Cook for a minute or two, stirring frequently until the eggs are thoroughly saturated. Pour over drained pike and decorate with parsley sprigs and lemon slices

Makes 6 servings.

KARP W SZARYM SOSIE

2 filiżanki włoszczyzny (cebula, seler i marchew) pokrojonej
　　w kostkę
5 ziaren pieprzu
4 grzyby suszone
2 do 3 kawałków skórki z cytryny
1 kawałek czerstwego chleba razowego
2½ do 3 funtów karpia, oczyszczonego i pozostawionego w
　　całości

1. Włożyć włoszczyznę, wraz z pieprzem, grzybami i
skórką z cytryny do zimnej wody; zagotować i dusić około 30
minut. Odcedzić.
2. Dodać karpia do odcedzonego bulionu i gotować na
małym ogniu przez 30 minut, aż zrobi się miękki.

Składniki sosu:
1 łyżka mąki
1 łyżka masła
1 cytryna, rozdzielona
½ filiżanki żółtych rodzynek
1 łyżeczka cukru
½ filiżanki migdałów, pokrojonych w paski
1 łyżka białego wina

1. Przysmażyć mąkę z masłem, dodając trochę bulionu z
ryby według potrzeby żeby osiągnąć konsystencję papki.

CARP IN GRAY SAUCE

2 cups soup greens (onions, celery and carrot, cubed)
5 whole peppercorns
4 dried mushrooms
2 to 3 curls of lemon peel
1 slice day-old black bread
2½ to 3 pounds carp, cleaned and left whole

1. Put soup greens, peppercorns, mushrooms and lemon peel, along with bread, into cold water; bring to a boil and simmer for about 30 minutes. Strain.

2. Place carp into boiling strained broth and cook over low heat for 30 minutes.

Ingredients for sauce:
1 tablespoon flour
1 tablespoon butter
1 lemon, divided
½ cup golden raisins
1 teaspoon sugar
½ cup almonds, cut in strips
1 tablespoon white wine

1. Sauté flour in butter, stir in a bit of broth from the carp recipe as necessary to achieve a paste consistency.

2. Dodać sok z połowy cytryny, rodzynki, i cukier i zagrzać. Sos powinien być po części słodki i kwaśny.

3. Dodać migdały i wino.

4. Zalać karpia częścią sosu, a resztę podawać osobno.

5. Ubrać rybę resztą cytryny, pokrojonej na cieńkie plasterki.

Wychodzi 5 do 6 porcji.

WIGILIJNE BISZKOPTY Z MLEKIEM MAKOWYM

Zagrzać piec na 350°.

1 uncja drożdży
1 łyżka cukru
1 filiżanka ciepłego mleka
½ łyżeczki soli
1½ filiżanki mąki

1. Rozmieszać drożdze z cukrem

2. Dodać ciepłe mleko i sól. Wsypać mąkę przez sitko i dobrze wymieszać.

3. Postawić w ciepłym miejscu około godziny żeby trochę urosło. Jeśli potrzeba, dodać trochę więcej mąki przed wywałkowaniem. Wałkować na desce wysypanej mąką.

4. Pokroić na kawałki wielkości palca, a potem dalej na małe porcje około cała.

5. Piec na 350 stopni aż się boki zarumienią. Podawać razem z:

2. Add the juice of ½ lemon, the raisins, and sugar and heat. Sauce should be sweet and sour.

3. Add almonds and wine.

4. Pour a little sauce over fish and serve the rest on the side.

5. Garnish the carp with the rest of the lemon, cut into thin slices.

Makes 5 to 6 servings.

CHRISTMAS EVE BISCUITS WITH POPPY SEED MILK

Preheat oven to 350 degrees.

1 ounce yeast
1 tablespoon sugar
1 cup warm milk
½ teaspoon salt
1½ cups flour

1. Cream the yeast with the sugar.

2. Add the warm milk and salt. Sift in the flour, stirring thoroughly.

3. Place in a warm spot to rise a little (about 1 hour). If necessary, add a bit more flour before rolling. Roll with a rolling pin on a floured board.

4. Cut into finger-width strips, then into bits of ½ inch or less.

5. Bake at 350 degrees until edges become brown. Serve with:

Mlekiem Makowym
1½ filiżanki maku, dobrze zmielonego
2 filiżanki gotującej się wody
10 migdałów
Cukier, do smaku
2 filiżanki mleka

1. Pokryć zmielony mak gotującą się wodą
2. Sparzyć, obrać i posiekać migdały i wymieszać razem z makiem.
3. Dodać cukier, do smaku, i gdy masa ostygnie dodać mleko.
4. Zalać sosem tuż przed podaniem.

Wychodzi 4 do 5 porcji.

Poppy Seed Milk
1½ cups finely ground poppy seeds
2 cups boiling water
10 almonds
Sugar, to taste
2 cups milk

    1. Cover the ground poppy seeds with boiling water.
    2. Blanch, peel, and chop almonds; stir them in with the poppy seeds.
    3. Add sugar to taste, and when cool, pour in the milk.

    4. Pour over the biscuits just before serving.

Makes 4 to 5 servings.

KISIEL ŻURAWINOWY

2 funty świeżych żurawin, przebranych i spłukanych
3 filiżanki zimnej wody
Cukier, do smaku
Krochmal kartoflany (1 łyżeczka na każdą filiżankę miąższu z
    owoców)
2 łyżeczki wanilji

1. Gotować żurawiny z wodą około 20 minut i trochę ochłodzić.
2. Przepuścić żurawiny przez maszynkę a potem sito żeby pozbyć się skórek.
3. Sprawdzić jaka jest ilość miąższu i oddzielić filiżankę do rozmieszania z krochmalem później.
4. Dodać cukier i gotować przez 10 minut.
5. Powoli dodać ostudzony miąższ zmieszany z krochmalem i odrobiną wody i mieszać bezustannie przez 2 do 3 minut żeby uniknąć grud.
6. Gdy kisiel ostygnie, dodać wanilję i przykryć plastykowym papierem (żeby się na kisielu nie zrobiła skorupa). Włożyć do lodówki.

Podawać ze słodką śmietanką lub mlekiem.

Wychodzi 8 do 10 porcji.

CRANBERRY PUDDING

2 pounds fresh cranberries, picked over and rinsed
3 cups cold water
Sugar, to taste
Potato flour (1 teaspoon for every cup of fruit pulp)
2 teaspoons vanilla

1. Cook cranberries in water for about 20 minutes and cool slightly.
2. Force cranberries through sieve, food mill or processor.

3. Measure resulting pulp, reserving a cup for dissolving potato flour (along with a bit of cold water) to be added later.
4. Add sugar and boil for 10 minutes.
5. Slowly add reserved cool pulp with potato flour and stir constantly for 2 to 3 minutes to avoid lumps.

6. When mixture is cool, add vanilla and cover with plastic wrap (to prevent a crust from forming). Refrigerate.

Serve with sweet cream or milk.

Makes 8 to 10 servings.

KOMPOT Z SUSZU

1 funt śliwek suszonych (bez pestek)
1 funt mieszanych suszonych owoców
½ funta suszonych moreli
Sok z jednej cytryny
¼ cytryny
5 goździków
1-calowa laseczka cynamonu
2 filiżanki cukru
10 szklanek gotującej się wody
4 świeże jabłka, obrane, wydrążone i pokrojone w plasterki

    1. Włożyć do garnka śliwki, mieszane owoce, morele, sok cytrynowy, cytrynę, goździki, cynamon i cukier i zalać gotującą się wodą. Zostawić na noc, pod przykryciem.
    2. Następnego dnia, dodać jabłka i gotować na średnim ogniu prze 5 do 7 minut.
    3. Po spróbowaniu można dodać jeszcze cukru i cytryny do smaku.

Letni kompot podaje się na sam koniec Wigilji.

Wychodzi 10 do 12 porcji.

DRIED FRUIT COMPOTE

1 pound prunes, pitted
1 pound dried mixed fruit
½ pound dried apricots
Juice of 1 lemon
¼ lemon
5 cloves
1-inch cinnamon stick
2 cups sugar
10 cups boiling water
4 fresh apples, peeled, cored and sliced

1. Combine prunes, mixed fruit, apricots, lemon juice, ¼ lemon, cloves, cinnamon and sugar in a pot. Cover with boiling water. Leave overnight, covered.

2. The following day, add the apples and cook on medium heat for 5 to 7 minutes.

3. Taste and season with sugar and lemon if necessary.

This compote is usually served at the end of the Christmas Eve meal, preferably at room temperature.

Makes 10 to 12 servings.

ŁAMAŃCE Z MAKIEM

Ciasto na łamańce:
2 i ¾ filiżanki mąki
⅔ filiżanki cukru pudru
¼ funta (1 baton) masła
2 jajka
1 żółtko
1 łyżeczka proszku do pieczenia
1 łyżeczka wanilji
2 łyżki kwaśnej śmietany

Zagrzać piec na 400°

1. Wymieszać mąkę z cukrem, poczym wkroić masło dwoma nożami tak żeby masa nabrała konsystencji tartej bułki. Dodać resztę składników (jajka, żółtko, proszek do pieczenia, wanilję, i śmietanę). Miesić przez parę minut i uformować z ciasta kulę. Ochłodzić w lodówce przez 15 minut.

2. Wywałkować na grubość ⅛ cala i kroić na małe (2 calowe) prostokąty lub kwadraciki.

3. Piec na wysmarowanej tłuszczem blaszce około 15 minut.

Podawać z makiem jak poniżej.

POPPY SEED DESSERT

Pastry:
2¾ cups flour
⅔ cup confectioners' sugar
1 stick (¼ pound) butter
2 eggs
1 egg yolk
1 teaspoon baking powder
1 teaspoon vanilla
2 tablespoons sour cream

Preheat oven to 400°

1. Mix flour with sugar; cut in butter with a pastry blender or 2 knives until the mixture has a fine, even crumb-like texture. Add the remaining ingredients (eggs, egg yolk, baking powder, vanilla, and sour cream). Knead the dough for a few minutes; form a ball. Cover and chill for 15 minutes.

2. Roll ⅛-inch thick and cut in small rectangular shapes (some prefer diamond shapes) about 2 inches long.
3. Bake on a greased baking sheet for 15 minutes.

Serve with Poppy Seed Cream (recipe follows).

Masa z maku:
2 łyżki masła
½ funta maku, dwa razy zmielonego
½ filiżanki cukru
2 łyżki miodu
1 łyżeczka startej skórki z cytryny
1 łyżeczka wanilji
½ filiżanki żółtych rodzynek
½ filiżanki migdałów, sparzonych i posiekanych
¼ filiżanki kandyzowanej skórki z pomarańczy, posiekanej

    1. Roztopić masło w rondlu. Dodać mak i smażyć mieszając przez 3 minuty. Dodać cukier i miód i dobrze wymieszać. Zdjąć z pieca i dodać resztę składników (skórkę z cytryny, wanilję, rodzynki, migdały, i skórkę pomarańczową). Ochłodzić.
    2. Wyłożyć na duży szklanny półmisek i ubrać łamańcami najeżonymi na masie z maku.

Jeśli na Wigilji mają być sami dorośli, można do masy z maku dodać kieliszek koniaku.

Wychodzi 8 do 10 porcji.

Poppy Seed Cream:
2 tablespoons sweet butter
½ pound poppy seeds, ground twice
½ cup sugar
2 tablespoons honey
2 teaspoons grated lemon rind
1 teaspoon vanilla
½ cup golden raisins
½ cup blanched almonds, chopped
¼ cup candied orange peel, chopped

1. Melt the butter in a saucepan; add the poppy seeds and stir-fry for 3 minutes. Add the sugar and honey and mix well. Remove from heat and add the remaining ingredients; cool.

2. Serve on a large glass platter and decorate with pastries.

If the dessert is to be consumed only by adults, a shot of cognac might enhance the taste of the poppy seed mixture.

Makes 8 to 10 servings.

Index

Bilingual Cookbooks from Hippocrene . . .

Introducing Hippocrene's new series of bilingual cookbooks—each book contains recipes in the original language with side-by-side English translation. They provide a perfect way for older and younger generations to enjoy culinary adventures and a foreign language together.

A Treasury of Italian Cuisine

Recipes, Sayings and Proverbs in Italian and English
Joseph F. Privitera
Illustrated by Sharon Privitera

Don Peppino (a.k.a Joseph) Privitera outlines the basics of hearty and delicious Italian cooking in this appealing bilingual cookbook. Among the 60 recipes in Italian and English are such staples as *Cozze alla Parmigiana* (Baked Mussels), *Minestrone*, *Salsa di Pomodoro* (Basic Tomato Sauce), *Ossobuco al Marsala* (Veal Shanks in Marsala), and *Cannoli Siciliani* (Sicilian Cannoli), all adapted for the modern cook and the North American kitchen. Chapters include: Antipasti, Soups, Pasta and Sauces, Meat, Fish and Fowl, Side Dishes, Salads, and Fruits and Desserts. Line drawings, proverbs and bits of folk wisdom add to the volume's charm. This book is the perfect gift for students of the Italian culinary tradition, culture and language.

146 pages • 5 x 7 • line drawings • 0-7818-0740-9 • $11.95hc • W • (149)

Cooking in the French Fashion

Recipes in French and English
Stéphanie Ovide
Illustrated by Maurita Magner

France is renowned for its contributions to worlds of cuisine and fashion, and this cookbook captures the essence of both! Featuring 38 bilingual recipes, *Cooking in the French Fashion* offers unique insight into the art of contemporary French cuisine. Popular recipes—both traditional and contemporary—are all adapted for the modern North American kitchen. Sample such stylish delicacies as *Blanquette de veau* (Veal Blanquette), *Artichauts vinaigrette* (Artichokes with Vinaigrette Sauce), *Gigot d'agneau aux flageolets* (Leg of Lamb with Flageolets) and *Mousse au chocolat* (Chocolate Mousse) among many others. With the illustrator's enchanting fashion sketches throughout, *Cooking in the French Fashion* is the perfect gift for any cook, novice or gourmand, who wants to learn more about the French palate, culture and language.

94 pages • 5 x 7 • line drawings • 0-7818-0739-5 • $11.95hc • W • (139)

Old Havana Cookbook

Cuban Recipes in Spanish and English
Translated by Rafael Marcos

The cuisine of Cuba, though derived from Spain, its mother country, has been modified and refined by the products of a different soil and the requirements of a tropical climate. Pork dishes, rice, corn, beans, and sugar are essential elements in Cuban cooking. Some of the finest fish in the world can be found in the Gulf Stream, along with unequaled crabs and lobsters, and an almost infinite variety of vegetables and luscious, tropical fruits. This cookbook includes 50 recipes, each in the original Spanish, with side-by-side English translation—all of them classic Cuban fare and Old Havana specialties adapted for the North American kitchen. Among the recipes included are: Ajiaco (famous Cuban Stew), Broiled Pargo with Avocado Sauce, Lobster Havanaise, Tamal en Cazuela (Soft Tamal), Quimbombó (okra), Picadillo, Roast Suckling Pig, and Bonialtillo (Sweet Potato Dulce), along with a whole chapter on famous Cuban cocktails and beverages.

128 pages • 5 x 7 • illustrations • $11.95hc • 0-7818-0767-0 • W • (590)

Polish Cookbooks from Hippocrene . . .

Poland's Gourmet Cuisine
Bernard Lussiana and Mary Pininska
Photography by Jaroslaw Madejski

Here is Poland's cuisine as you've never seen it before! Bernard Lussiana, Executive Chef of Warsaw's celebrated Hotel Bristol, has taken traditional Polish dishes, like pierogi, golabki and flaki, and re-interpreted them in fresh, sophisticated and delicious new ways. Inspired by the beauty and spirit of the nation's lakes, rivers and plains, Lussiana takes bold new culinary initiatives with Poland's wealth of indigenous ingredients like buckwheat, poppyseeds, carp, pike, beetroot, suckling pig, wild boar, horseradish and dill, creating not only new dishes, but paving the way for a new era in Polish culinary history. Among the 52 recipes included are such exquisite offerings as "Delicate stew of perch fillet, chanterelles and ceps flavored with marjoram," "Barley consommé served with quenelles of smoked game," "Pan-fried fillet of lamb served with a juice of fresh coriander and saffron kasza," and "Iced parfait flavored with zbozowa coffee."

Along with stunning, full-color food photographs of every recipe, are captivating photographs of the beautiful Polish countryside, and fragments of some of Poland's most evocative poetry. The recipes are provided in a step-by-step format and all adapted for the North American kitchen. A mingling of the senses—visual, artistic, literary, sensual and culinary—this book unfolds to reveal a dream of Poland rarely glimpsed.

143 pages • 9¼ x 11¼ • color photographs throughout • $35.00 hc • 0-7818-0790-5 • NA • (98)

Polish Heritage Cookery, Illustrated Edition
Robert and Maria Strybel

• Over 2,200 authentic recipes!

• Entire chapters on dumplings, potato dishes, sausage-making, babkas and more!

• American weights and measures

• Modern shortcuts and substitutes for health-conscious dining

• Each recipe indexed in English and Polish

"An encyclopedia of Polish cookery and a wonderful thing to have!"
—Julia Child, *Good Morning America*

"*Polish Heritage Cookery* is the best [Polish] cookbook printed in English on the market. It is well-organized, informative, interlaced with historical background on Polish foods and eating habits, with easy-to-follow recipes readily prepared in American kitchens and, above all, its fun to read."

—*Polish American Cultural Network*

915 pages • 6 x 9 • 16 pages color photographs • over 2,200 recipes • $39.95hc • 0-7818-0558-9 • W • (658)

Old Polish Traditions in the Kitchen and at the Table

A cookbook and history of Polish culinary customs. Short essays cover subjects like Polish hospitality, holiday traditions, even the exalted status of the mushroom. The recipes are traditional family fare.

304 pages • $11.95pb • 0-7818-0488-4 • W • (546)

The Best of Polish Cooking, Expanded Edition
Karen West

"A charming offering of Polish cuisine with lovely woodcuts throughout."

—*Publishers Weekly*

219 pages • 5½ x 8½ • $9.95pb • 0-7818-0826-X • W • (274)

Old Warsaw Cookbook
Rysia

Includes 850 authentic Polish recipes.

300 pages • 0-87052-932-3 • $12.95pb • W • (536)

Art of Lithuanian Cooking
Maria Gieysztor de Gorgey

With over 150 recipes, this cookbook is a collection of traditional hearty Lithuanian favorites like Fresh Cucumber Soup, Lithuanian Meat Pockets, Hunter's Stew, Potato Zeppelins, as well as delicacies like Homemade Honey Liqueur and Easter Gypsy Cake for dessert! Chapters included are Appetizers, Aspics, Soups, Meat Dishes, Fowl, Fish, Vegetables, Noodle Dishes, Beverages and Desserts. All recipes are adapted for the North American kitchen.

230 pages • 5½ x 8½ • $12.95pb • 0-7818-0899-5 • W • (100)

All prices subject to change without prior notice. **To purchase Hippocrene Books** contact your local bookstore, call (718) 454-2366, or write to: HIPPOCRENE BOOKS, 171 Madison Avenue, New York, NY 10016. Please enclose check or money order, adding $5.00 shipping (UPS) for the first book and $.50 for each additional book.